AF279564

Transporte de viajeros: Documentación

Editado por:
EDITORIAL FAE, S.L.U.
Correo electrónico: editorial@editorialfae.com

Transporte de viajeros: Documentación
Beatriz Coronado García

1ª Edición

ISBN: 978-84-1135-380-9

Impreso en España

Índice

Módulo 1. Documentación en el transporte de viajeros

U. A. 2. Seguridad en el transporte de viajeros

Introducción

Objetivos

1. Aplicación de las medidas de seguridad en los vehículos

    1.1. Gestión de equipos de seguridad en el autocar

    1.2. Gestión del acceso y evacuación

    1.3. Prevención de incendios

    1.4. Ajuste del acondicionamiento interior

    1.5. Configuración del sistema antibloqueo de frenos

    1.6. Configuración del limitador de velocidad

    1.7. Ajuste del cinturón de seguridad

    1.8. Conocimiento de la información de los dispositivos de seguridad

2. Aplicación de medidas en caso de accidente

    2.1. Aplicación de instrucciones para el caso de producirse una anormalidad o un accidente en el transporte de viajeros

Aplicaciones prácticas

Ejercicio de evaluación final

Solucionario

Bibliografía

Índice

Índice

Módulo 1. Documentación en el transporte de viajeros

Introducción

El transporte de viajeros por carretera es una actividad regulada por una amplia normativa que busca garantizar la seguridad vial, la protección de los usuarios y el cumplimiento de las condiciones legales que rigen la prestación de este servicio. Dentro de este marco, la gestión y control de la documentación vinculada a la actividad resulta esencial para asegurar que tanto los vehículos como los conductores y las empresas transportistas cumplen con las disposiciones exigidas por la ley.

En este módulo se abordará de forma detallada la documentación obligatoria y complementaria que debe acompañar al vehículo y al conductor durante la prestación del servicio, así como los procedimientos administrativos y legales relacionados. Entre los documentos fundamentales se encuentran el permiso de circulación, la tarjeta de inspección técnica, los certificados profesionales, las licencias de transporte y los seguros obligatorios.

Asimismo, se estudiarán las particularidades de cada modalidad de transporte —discrecional, regular de uso general, regular de uso especial y privado complementario, las exigencias para el transporte internacional y los requisitos de la Licencia Comunitaria. También se analizará la documentación específica como el libro de ruta, el tacógrafo o el libro de reclamaciones, elementos clave para la trazabilidad y el control del servicio.

Por último, se tratará la inspección en el transporte, abordando las funciones de control, las competencias de las autoridades, las obligaciones de empresas y clientes frente a dichas inspecciones y el régimen sancionador aplicable ante infracciones leves, graves o muy graves. Con ello, el alumno adquirirá una visión integral sobre cómo gestionar correctamente la documentación y responder de forma adecuada ante un control o inspección.

Objetivos

- Identificar la documentación obligatoria y complementaria necesaria para la realización de servicios de transporte de viajeros, distinguiendo su función y características.

- Aplicar la normativa sobre obligatoriedad de portar determinados documentos a bordo del vehículo, como permisos, certificados y licencias.

- Reconocer los requisitos y procedimientos para obtener y mantener en vigor los títulos administrativos habilitantes en las diferentes modalidades de transporte.

- Gestionar la documentación relacionada con seguros, contratos de transporte, libro de ruta, libro de reclamaciones y tacógrafo.

- Diferenciar los distintos tipos de transporte —regular, discrecional, privado complementario, internacional— y la documentación específica que requiere cada uno.

- Interpretar las funciones y competencias de la inspección de transporte, así como las obligaciones de las empresas y clientes en este ámbito.

- Clasificar las infracciones en leves, graves o muy graves, conociendo las sanciones y el procedimiento sancionador.

- Actuar con responsabilidad y rigor en la gestión documental, anticipándose a posibles incidencias o sanciones por incumplimiento normativo.

1. Gestión de los documentos concernientes a la realización de los servicios de transporte

La gestión documental en el transporte de viajeros es un proceso que asegura que el servicio se desarrolla dentro de la legalidad y con las garantías necesarias para la seguridad de los pasajeros. Cada documento cumple una función específica: acreditar la autorización administrativa, certificar la aptitud del conductor, confirmar la vigencia técnica del vehículo o permitir el control y trazabilidad del servicio.

Fig. 1. Una adecuada gestión implica portar los documentos obligatorios durante el servicio y mantenerlos actualizados, archivados y accesibles ante cualquier inspección

La carencia, caducidad o falsificación de alguno de ellos puede derivar en sanciones económicas, inmovilización del vehículo e incluso pérdida de licencias.

1.1. Identificación de las características y clases

Los documentos que intervienen en el transporte de viajeros pueden agruparse en distintas **clases**, en función de su naturaleza y finalidad.

Las principales categorías son:

Categoría	Finalidad principal	Ejemplos de documentos
Documentos administrativos	Autorizan la prestación del servicio y acreditan el cumplimiento de requisitos legales.	Licencia comunitaria, autorización de transporte regular o discrecional, título administrativo habilitante.
Documentos del vehículo	Garantizan que el vehículo cumple las condiciones técnicas y legales para circular.	Permiso de circulación, tarjeta de inspección técnica (ITV), distintivos identificativos.
Documentos del conductor	Acreditan la aptitud profesional y legal para conducir el tipo de vehículo.	Permiso de conducción (categoría D), Certificado de Aptitud Profesional (CAP), certificado de conductor de tercer país.
Documentos del servicio	Regulan y registran el desarrollo del transporte concreto que se está realizando.	Contrato de transporte, libro de ruta, billetes emitidos.
Documentos de control y seguridad	Permiten la supervisión del cumplimiento normativo y la trazabilidad del servicio.	Tacógrafo (hojas o tarjeta digital), libro de reclamaciones, seguro obligatorio y complementario.

 **Anotación**

Aunque algunos documentos son exigibles únicamente en determinados tipos de transporte (por ejemplo, la licencia comunitaria en el transporte internacional), otros son de carácter universal y deben acompañar siempre al vehículo y al conductor, como el permiso de circulación, la ITV en vigor y el seguro obligatorio.

Las características generales de los documentos son las siguientes:

1. **Obligatoriedad**: determinados documentos son indispensables para poder prestar el servicio, otros son complementarios, pero pueden ser requeridos por la autoridad.

2. **Actualización**: deben estar en vigor; cualquier fecha de caducidad vencida puede suponer una infracción.

3. **Disponibilidad a bordo**: muchos de ellos deben viajar siempre en el vehículo durante el servicio, listos para ser presentados ante un control.

4. **Veracidad y concordancia**: los datos deben coincidir con la realidad del vehículo, conductor y servicio (matrícula, fechas, titularidad, itinerario, etc.).

5. **Formato físico o digital**: algunos documentos ya pueden presentarse de forma electrónica, siempre que cumplan con la normativa vigente y sean verificables.

Una empresa de autobuses realiza un servicio discrecional para trasladar a un grupo turístico desde Madrid a Sevilla. El conductor lleva a bordo:

- Permiso de conducción D y CAP.
- Permiso de circulación y tarjeta ITV en vigor.
- Autorización de transporte discrecional expedida a la empresa.
- Contrato de transporte con la agencia de viajes.
- Hojas del tacógrafo digital y libro de ruta.
- Seguro obligatorio y seguro complementario de viajeros.

Durante una inspección en carretera, todos estos documentos se muestran a los agentes para acreditar que el servicio cumple la normativa.

1.2. Aplicación de la obligatoriedad a bordo del vehículo de los documentos necesarios para circular

En el transporte de viajeros, la legislación establece que determinados documentos deben encontrarse **a bordo del vehículo** de forma permanente durante la prestación del servicio.

Fig. 2. La obligación de llevar ciertos documentos tiene como finalidad garantizar que, ante cualquier control o inspección, el conductor pueda acreditar de inmediato que el vehículo y el servicio cumplen con todos los requisitos legales y técnicos

La no disponibilidad de estos documentos en el momento del control, aun cuando existan y estén en vigor, puede derivar en sanciones y, en algunos casos, en la inmovilización del vehículo. Por ello, es esencial que el conductor y la empresa transportista adopten procedimientos para verificar su presencia antes de cada servicio.

1.2.1. Permiso de circulación

El **permiso de circulación** es el documento oficial que acredita la autorización administrativa para que un vehículo pueda circular por las vías públicas. Está expedido por la Dirección General de Tráfico (DGT) o por la autoridad competente en el país de matriculación.

Entre sus datos más relevantes se incluyen la matrícula, el número de bastidor, la marca, el modelo y el titular del vehículo. Además, indica la categoría de uso del vehículo, lo que resulta esencial en el caso de autobuses o autocares destinados al transporte de viajeros.

Cuando se compara con otros documentos, se observa que el permiso de circulación no caduca, pero sí debe actualizarse en determinadas circunstancias, como cambio de titularidad, modificación sustancial del vehículo o cambio de domicilio del titular.

A modo de síntesis, puede observarse lo siguiente:

Aspecto	Detalle
Finalidad	Autorizar y acreditar que el vehículo puede circular legalmente.
Expedición	Dirección General de Tráfico u organismo competente.
Vigencia	Indefinida, salvo que se produzcan cambios relevantes en el vehículo o en la titularidad.
Obligación de portar	Siempre a bordo durante la circulación.
Consecuencias de no llevarlo	Sanción económica y posible inmovilización del vehículo.

Un ejemplo ilustrativo sería el de un autocar que realiza transporte regular de uso general: aunque tenga todos los seguros y autorizaciones en regla, si el conductor no porta el permiso de circulación a bordo y es detenido para una inspección, podrá ser sancionado.

1.2.2. Tarjeta de inspección técnica del vehículo

La **tarjeta de inspección técnica del vehículo** (comúnmente conocida como ITV) certifica que el vehículo ha superado la revisión técnica obligatoria, acreditando que cumple las condiciones de seguridad, emisiones y demás requisitos técnicos exigidos por la normativa.

Fig. 3. Para los vehículos destinados al transporte de viajeros, las inspecciones son más frecuentes que para turismos particulares, y su periodicidad se determina en función de la antigüedad y categoría del vehículo

En este documento se recogen datos técnicos como la potencia, el peso máximo autorizado, el número de plazas, las dimensiones y las fechas de las inspecciones realizadas. Además, incluye las observaciones sobre posibles deficiencias detectadas y si estas han sido subsanadas.

Si se analizan sus aspectos principales, se obtiene lo siguiente:

Aspecto	Detalle
Finalidad	Acreditar que el vehículo cumple los requisitos técnicos y de seguridad.
Expedición	Estaciones de Inspección Técnica de Vehículos autorizadas.
Vigencia	Según la periodicidad establecida por la normativa (para autobuses, generalmente cada 6 meses a partir de cierta antigüedad).
Obligación de portar	Siempre a bordo junto con el informe de la última inspección.
Consecuencias de no llevarlo	Sanción económica, prohibición de circular e inmovilización del vehículo.

Anotación

En caso de ITV desfavorable o negativa, el vehículo no podrá prestar servicio hasta que se subsanen las deficiencias y se supere una nueva inspección. Circular sin la ITV vigente no solo es sancionable, sino que puede implicar responsabilidad en caso de accidente.

1.3. Habilitación para conducir del conductor. Acreditación del certificado de aptitud profesional para el transporte de viajeros

La **habilitación para conducir** en el transporte de viajeros no se limita a poseer un permiso de conducción adecuado; implica acreditar que el conductor reúne las competencias técnicas y profesionales exigidas por la normativa para manejar vehículos de gran capacidad y responsabilidad.

En España, para conducir autobuses o autocares, se requiere el **permiso de conducción de la clase D** (o sus variantes D1, D1+E, D+E según el tipo de vehículo y el remolque). Este permiso debe estar en vigor y ser presentado en cualquier control.

Además, los conductores profesionales deben acreditar el **Certificado de Aptitud Profesional (CAP)** para el transporte de viajeros. Este certificado se obtiene tras superar un curso inicial de cualificación profesional y se renueva mediante cursos de formación continua cada 5 años.

Para entender la relación entre ambos documentos, puede resumirse lo siguiente:

Documento	Finalidad	Vigencia	Obligación de portar
Permiso de conducción (D, D1, etc.)	Autoriza la conducción de vehículos destinados al transporte de viajeros.	Según caducidad establecida en función de la edad.	Siempre a bordo.
Certificado de Aptitud Profesional (CAP)	Acredita la cualificación profesional específica para el transporte de viajeros.	Renovación cada 5 años.	Siempre a bordo.

Un conductor con permiso de clase D, pero sin CAP no podrá legalmente prestar servicios de transporte de viajeros, aunque tenga experiencia, ya que la normativa exige la doble acreditación.

1.4. Posesión del certificado de conductor de tercer país

Cuando el transporte de viajeros lo realiza un conductor que no es nacional de un país miembro de la Unión Europea ni de un país del Espacio Económico Europeo, es obligatorio disponer del certificado de conductor de tercer país.

Este documento garantiza que el conductor cumple las condiciones de cualificación y empleo establecidas por la legislación comunitaria y que está contratado legalmente por la empresa de transporte autorizada.

En la práctica, el certificado de conductor de tercer país es especialmente relevante en el transporte internacional y en empresas que contratan conductores extracomunitarios para cubrir rutas regulares o discrecionales.

Las principales características de este certificado pueden resumirse así:

Aspecto	Detalle
Finalidad	Autorizar a un conductor de un país no perteneciente a la UE/EEE a realizar transporte en territorio comunitario.
Expedición	Autoridad competente del Estado miembro donde esté establecida la empresa transportista.
Vigencia	Máximo 5 años, renovable.
Obligación de portar	Siempre a bordo junto con el permiso de conducción y el CAP (si corresponde).
Consecuencias de no llevarlo	Sanción y prohibición de continuar el servicio.

Anotación

Aunque el conductor posea un permiso de conducción válido, la ausencia de este certificado invalida la legalidad de su actividad en el transporte comunitario.

1.5. Gestión de la documentación relativa a los seguros

El **seguro de responsabilidad civil** y el **seguro obligatorio de viajeros (SOV)** son documentos esenciales que deben acompañar al vehículo en todo momento. Estos seguros cubren los daños personales y materiales que puedan producirse en el desarrollo del servicio, tanto a pasajeros como a terceros.

La póliza debe estar en vigor y el justificante de pago actualizado debe poder presentarse ante cualquier autoridad. En algunos servicios, especialmente internacionales, puede requerirse también un seguro complementario o una carta verde como prueba de cobertura en el extranjero.

Para facilitar la comprensión, se pueden identificar los seguros más habituales y su finalidad:

Tipo de seguro	Cobertura principal	Obligatorio
Seguro de responsabilidad civil	Daños a terceros derivados de la circulación.	Sí
Seguro obligatorio de viajeros (SOV)	Cobertura de daños personales a los pasajeros durante el servicio.	Sí
Seguro complementario	Coberturas adicionales (equipajes, ampliaciones de responsabilidad).	No, salvo en contratos que lo exijan.
Carta verde	Cobertura internacional en países adheridos al sistema.	Obligatorio en transporte fuera de la UE hacia países del sistema.

Un autocar que realiza un servicio internacional a Marruecos debe llevar, además del seguro obligatorio y del SOV, la carta verde para acreditar cobertura en ese país.

1.6. Conocimiento acerca de título administrativo habilitante: requisitos para su obtención

El **título administrativo habilitante** es la autorización oficial que concede la Administración para ejercer legalmente la actividad de transporte público de viajeros por carretera. Sin este documento, ninguna empresa puede operar servicios regulares o discrecionales en el ámbito nacional o internacional.

Fig. 4. En España, el título administrativo más común es la autorización de transporte público de viajeros en autobús (clasificada normalmente como VD para transporte discrecional y VR para transporte regular)

La obtención de este título está sujeta a una serie de requisitos que pueden resumirse de la siguiente manera:

Requisito	Detalle
Personalidad jurídica	Ser persona física o jurídica legalmente constituida.
Capacidad financiera	Acreditar solvencia económica mínima exigida por la normativa.
Honorabilidad	No haber sido sancionado de forma grave o muy grave en materia de transporte.
Competencia profesional	Contar con una persona que disponga del certificado de competencia profesional para el transporte de viajeros.
Medios materiales	Disponer de vehículos adecuados, matriculados y con ITV en vigor.

Anotación

El título administrativo habilitante no es indefinido si no se utiliza: la normativa establece que puede perderse si no se ejerce la actividad durante un periodo prolongado.

1.7. Conocimiento acerca del transporte discrecional

El transporte discrecional de viajeros es aquel que se realiza sin itinerario, calendario ni horario preestablecido, adaptándose a las necesidades concretas de un grupo o cliente. Cada servicio se contrata de forma independiente y específica.

Ejemplos comunes de transporte discrecional incluyen viajes turísticos organizados, desplazamientos de equipos deportivos, excursiones escolares o traslados para eventos.

Entre sus características principales destacan:

Característica	Descripción
Flexibilidad	Se ajusta a las necesidades del cliente en cuanto a origen, destino, recorrido y horario.
Contratación previa	Cada servicio requiere un contrato individual con el cliente.
Licencia necesaria	Autorización de transporte discrecional (*VD*) en vigor.
Documentación específica	Contrato de transporte y libro de ruta.

Una empresa contrata un autocar para trasladar a un grupo de turistas desde un hotel en Granada hasta la Alhambra, con regreso el mismo día. Este servicio, contratado puntualmente y adaptado a un grupo concreto, es un transporte discrecional.

1.8. Conocimiento acerca del transporte privado complementario

El transporte privado complementario de viajeros es aquel que realizan las empresas o entidades para trasladar a su propio personal, clientes o miembros, siempre que el transporte no sea la actividad principal de la empresa.

Su finalidad es complementar la actividad principal, no sustituir ni competir con el transporte público.

Fig. 5. No se presta servicio a terceros ajenos a la entidad y debe realizarse con vehículos de la propia titularidad

Las condiciones habituales para realizar este tipo de transporte incluyen:

Condición	Descripción
Destinatarios	Trabajadores, socios, alumnos o clientes propios.
Finalidad	Relacionada directamente con la actividad principal de la empresa o entidad.
Titularidad del vehículo	Debe ser propiedad de la empresa o estar bajo contrato de arrendamiento a largo plazo.
Autorización	Autorización de transporte privado complementario (*VPC*).

Un ejemplo típico es el de una fábrica que dispone de autobuses propios para trasladar a sus trabajadores desde puntos de recogida hasta el centro de trabajo. Este servicio es complementario y no puede utilizarse para transportar a personas ajenas a la empresa.

1.9. Conocimiento acerca del transporte regular de uso especial

El transporte regular de uso especial es aquel que se realiza de manera periódica, con itinerario y horario prefijados, pero destinado únicamente a un grupo específico de usuarios que comparten una misma finalidad en sus desplazamientos.

Este tipo de transporte requiere una autorización administrativa específica y suele estar asociado a colectivos como estudiantes, trabajadores o personal militar.

Entre sus características más relevantes se incluyen:

Característica	Descripción
Usuarios	Colectivo cerrado y determinado (ej. escolares, trabajadores de una empresa).
Periodicidad	Prestación continua durante un periodo prolongado.
Itinerario y horarios	Fijos y previamente establecidos.
Autorización	Permiso de transporte regular de uso especial.
Documentación específica	Contrato de prestación de servicio, libro de ruta, póliza de seguro adecuada.

El transporte escolar que traslada diariamente a un grupo de alumnos desde distintas paradas hasta su centro educativo y de vuelta es un servicio regular de uso especial, ya que se presta de forma constante y para un colectivo cerrado.

1.10. Conocimiento acerca del transporte regular de uso general

El **transporte regular de uso general** es el que se presta de forma continua, con rutas, paradas, horarios y tarifas fijadas, y está abierto al público en general.

Fig. 6. El transporte regular de uso general es el modelo que siguen los servicios de autobuses interurbanos o metropolitanos

Al tratarse de un servicio público abierto, se rige por condiciones muy estrictas en cuanto a calidad, accesibilidad, seguridad y frecuencia.

En este caso, se puede resumir su funcionamiento en los siguientes aspectos:

Característica	Descripción
Usuarios	Cualquier persona que adquiera el billete.
Itinerario y paradas	Establecidos y publicados oficialmente.
Horarios y tarifas	Previamente fijados y de cumplimiento obligatorio.
Autorización	Concesión administrativa de transporte regular de uso general.
Documentación específica	Libro de ruta, billetes emitidos, permisos y seguros vigentes.

Anotación

Los servicios regulares de uso general se adjudican mediante concurso público y la empresa concesionaria debe cumplir con las condiciones técnicas y de servicio estipuladas en el contrato con la Administración.

1.11. Gestión de transportes internacionales

La gestión de transportes internacionales de viajeros implica coordinar y cumplir los requisitos legales y documentales necesarios para realizar desplazamientos que cruzan fronteras, ya sea dentro de la Unión Europea o hacia países extracomunitarios.

En el caso de transporte entre Estados miembros de la UE, se exige la Licencia Comunitaria, que autoriza la realización de servicios internacionales regulares, discrecionales o de cabotaje en territorio comunitario.

Cuando el destino o parte del trayecto incluye países fuera de la UE, pueden requerirse autorizaciones bilaterales o multilaterales, visados y seguros adicionales.

A modo de esquema, los principales aspectos a considerar en esta gestión son:

Aspecto	Detalle
Autorizaciones	Licencia Comunitaria para la UE, permisos bilaterales o multilaterales para terceros países.
Documentación del conductor	Permiso de conducción válido, CAP, certificado de conductor de tercer país si procede.
Documentación del vehículo	Permiso de circulación, ITV, carta verde (seguro internacional).
Control fronterizo	Cumplir requisitos de aduana e inmigración.
Contrato de transporte	Obligatorio en servicios discrecionales e internacionales.

Una empresa española que ofrece rutas turísticas en autocar desde Madrid hasta Lisboa necesita la Licencia Comunitaria, todos los documentos vigentes del vehículo y conductor, y debe asegurarse de cumplir las normativas de ambos países durante el servicio.

1.12. Conocimiento acerca de la Licencia Comunitaria y acceso al mercado

La **Licencia Comunitaria** es el documento oficial que autoriza a las empresas de transporte establecidas en un Estado miembro de la Unión Europea a realizar **servicios internacionales de transporte de viajeros por carretera** dentro del territorio de la UE y de otros países firmantes del Acuerdo sobre el Espacio Económico Europeo (EEE).

Fig. 7. La licencia comunitaria es imprescindible para el acceso legal al mercado del transporte internacional y debe ir acompañada de copias certificadas que se llevan a bordo de cada vehículo utilizado en los servicios

Las condiciones básicas para su obtención incluyen:

Requisito	Descripción
Establecimiento	Tener la sede y centro de operaciones en un Estado miembro de la UE.
Competencia profesional	Contar con gestor de transporte con el certificado correspondiente.
Honorabilidad	No haber sido sancionado por infracciones graves o muy graves en materia de transporte.
Capacidad financiera	Acreditar solvencia económica mínima.
Vehículos	Cumplir requisitos técnicos y medioambientales vigentes.

Anotación

La Licencia Comunitaria tiene una vigencia máxima de 10 años (según lo establecido por cada Estado miembro) y es renovable siempre que se mantengan las condiciones que motivaron su expedición.

1.13. Realización de transportes regulares sometidos a autorización

Los **transportes regulares sometidos a autorización** son aquellos que, por su naturaleza, requieren la aprobación previa de la autoridad competente para operar, ya que implican un servicio continuado con itinerario, paradas, horarios y tarifas fijas.

Este tipo de transporte puede ser de uso general o especial, pero en ambos casos la autorización delimita las condiciones de prestación y el periodo de vigencia.

Para la correcta realización de estos servicios deben cumplirse las siguientes pautas:

Aspecto	Detalle
Solicitud	Presentar ante la autoridad competente la propuesta de servicio.
Concesión	La Administración otorga la autorización con condiciones concretas.
Cumplimiento	Respetar estrictamente itinerarios, paradas, horarios y tarifas autorizadas.
Control	Sujetos a inspecciones periódicas para verificar el cumplimiento de la concesión.
Documentación	Copia de la autorización a bordo, libro de ruta, billetes emitidos.

Ejemplo

Una línea de autobuses entre dos capitales de provincia que opera con horarios diarios fijos y tarifas aprobadas debe contar con autorización administrativa y cumplir las condiciones establecidas en la concesión.

1.14. Realización de transportes de cabotaje autorizados

El **cabotaje** consiste en la prestación de servicios de transporte de viajeros dentro de un país por parte de una empresa establecida en otro país. En la UE, el cabotaje está permitido bajo ciertas condiciones para fomentar la libre circulación y la competencia, pero siempre requiere autorización.

En el caso del transporte de viajeros, el cabotaje autorizado suele realizarse como complemento de un servicio internacional, y no puede ser la actividad principal de la empresa en el país donde se realiza.

Los puntos clave de este tipo de transporte son:

Aspecto	Descripción
Finalidad	Permitir a empresas extranjeras prestar servicios internos temporales en otro Estado miembro.
Autorización	Se requiere permiso de la autoridad competente del país donde se realiza el servicio.
Limitaciones	Solo como complemento a un servicio internacional; restricciones de número de servicios o tiempo.
Documentación	Copia de la Licencia Comunitaria y autorización específica de cabotaje.
Control	Sujeto a inspecciones y sanciones en caso de incumplimiento.

Una empresa portuguesa que trae un grupo de turistas a España para un circuito internacional puede, durante su estancia, realizar un traslado interno entre dos ciudades españolas siempre que cuente con la autorización de cabotaje correspondiente.

1.15. Gestión de los documentos relativos al contrato de transporte nacional e internacional de viajeros

El **contrato de transporte de viajeros** es el acuerdo, verbal o escrito, mediante el cual una empresa transportista se compromete a trasladar a personas de un lugar a otro a cambio de un precio previamente fijado.

Fig. 8. Aunque la normativa permite la contratación verbal en determinados casos, en el transporte discrecional y en la mayoría de los servicios internacionales es obligatorio que el contrato se formalice por escrito, especialmente cuando intervienen grupos organizados

En dicho documento se detallan aspectos clave como:

- Identificación de la empresa transportista.
- Itinerario, fechas y horarios.
- Número de pasajeros y precio del servicio.
- Obligaciones y derechos de ambas partes.

En el caso del transporte internacional, el contrato debe cumplir las exigencias del país de origen, tránsito y destino, pudiendo requerir traducciones juradas o formatos estandarizados.

A modo de síntesis, los puntos principales en la gestión de este documento son:

Aspecto	Detalle
Contenido mínimo	Datos de la empresa, vehículo, conductor, servicio, precio y condiciones.
Soporte	Preferiblemente escrito; obligatorio en internacional y discrecional.
Conservación	Archivo en la empresa y copia a bordo del vehículo.
Comprobación	Verificar que los datos coinciden con el servicio en curso.
Inspección	Debe mostrarse a la autoridad si lo solicita.

Un grupo de estudiantes contrata un autocar para un viaje Madrid–París. El contrato incluye la ruta, fechas, precio, seguros y responsabilidades. Durante un control en Francia, la policía revisa el contrato para comprobar que coincide con el servicio autorizado.

1.16. Uso del libro de reclamaciones

El **libro de reclamaciones** es el documento oficial que las empresas de transporte de viajeros deben poner a disposición de los usuarios para que estos puedan formular quejas o reclamaciones sobre el servicio recibido.

Su función es garantizar el derecho del pasajero a expresar su disconformidad y a que su reclamación sea atendida y gestionada por la empresa y, en su caso, por la autoridad competente.

Algunos aspectos esenciales de su uso son:

Aspecto	Descripción
Disponibilidad	Debe encontrarse a bordo del vehículo o ser accesible de forma inmediata.
Acceso	Cualquier pasajero puede solicitarlo durante o inmediatamente después del servicio.
Contenido	Formulario oficial con copias para el usuario, la empresa y la Administración.
Obligación de respuesta	La empresa debe remitir contestación en el plazo establecido por la normativa autonómica.
Formato	Papel o electrónico, según lo regulado por la comunidad autónoma.

Negarse a facilitar el libro de reclamaciones constituye una infracción que puede acarrear sanciones, incluso si el servicio no presenta irregularidades.

1.17. Uso del libro de ruta

El **libro de ruta** es un documento de control en el que se registran los datos esenciales de cada servicio discrecional o internacional que realiza un vehículo de transporte de viajeros.

Su objetivo es permitir a las autoridades verificar la legalidad del servicio, la correspondencia con el contrato y la correcta planificación del viaje.

Los datos que habitualmente recoge son:

- Fecha y hora de inicio y finalización del servicio.
- Lugar de origen y destino.
- Itinerario previsto y paradas intermedias.
- Número de viajeros.
- Datos de la empresa, vehículo y conductor.

En cuanto a su gestión, es importante tener en cuenta:

Aspecto	Detalle
Obligatorio en	Transportes discrecionales e internacionales.
Cumplimentación	Antes de iniciar el servicio, con letra legible y sin tachaduras.
Conservación	A bordo del vehículo durante el viaje y en archivo de la empresa durante el plazo legal.
Control	Debe mostrarse a los inspectores de transporte cuando se requiera.

Un autocar que realiza un servicio discrecional desde Sevilla a Lisboa debe llevar a bordo el libro de ruta cumplimentado antes de la salida. Durante una inspección en la frontera, los agentes revisan que los datos coincidan con el contrato de transporte.

1.18. Conocimiento acerca de la documentación relativa al tacógrafo

El **tacógrafo** es un dispositivo obligatorio en la mayoría de los vehículos destinados al transporte profesional de viajeros, cuya función es registrar los tiempos de conducción, pausas, descansos y otras actividades del conductor.

Fig. 9. El uso del tacógrafo está regulado por la normativa europea y nacional, con el fin de garantizar la seguridad vial y el cumplimiento de los tiempos máximos de conducción

Existen dos tipos principales: **tacógrafo analógico** (cada vez menos frecuente) y **tacógrafo digital**. En ambos casos, es obligatorio portar la documentación asociada que permita verificar su correcto funcionamiento y los datos registrados.

En la gestión diaria, la documentación relativa al tacógrafo incluye:

- Tarjeta de conductor (para tacógrafo digital).
- Discos o hojas de registro (para tacógrafo analógico).

- Certificados en caso de no utilización justificada (por avería, vacaciones o baja).
- Manual de uso y homologación del tacógrafo.

Para facilitar la comprensión, estos son los puntos clave:

Documento/elemento	Finalidad	Obligación de portar
Tarjeta de conductor	Identifica al conductor y registra su actividad.	Siempre, cuando se utilice tacógrafo digital.
Discos de tacógrafo	Registros en formato físico.	Siempre, cuando se utilice tacógrafo analógico.
Certificados de actividades	Justificar periodos sin conducción.	Sí, en caso de no conducir.
Manual de uso y homologación	Garantizar uso correcto y verificación técnica.	Recomendado, exigible en algunos controles.

Un conductor que inicia su turno debe insertar su tarjeta de tacógrafo digital antes de arrancar el vehículo. Si la autoridad lo inspecciona, debe facilitar la descarga o impresión de los registros.

1.19. Identificación de distintivos de los vehículos

Los **distintivos de los vehículos de transporte de viajeros** son elementos visibles que permiten a la autoridad y al usuario identificar el tipo de servicio y su autorización. Estos distintivos, obligatorios en determinadas modalidades, forman parte de la señalización reglamentaria del vehículo.

Pueden adoptar la forma de placas, adhesivos o carteles, y su ubicación y características están reguladas por la normativa vigente.

Entre los más habituales encontramos:

- Placas o rótulos con la matrícula en vehículos de servicio público.
- Adhesivos identificativos para transporte escolar (*señal V-10*).

- Distintivos de accesibilidad para personas con movilidad reducida.
- Señales específicas para transporte internacional o especial.

Los aspectos esenciales de su gestión son:

Distintivo	Finalidad	Ubicación habitual
Señal V-10	Identificar vehículo dedicado a transporte escolar.	Parte frontal y trasera.
Placa SP	Indicar que el vehículo realiza servicio público de transporte.	Zona frontal y trasera, junto a matrícula.
Símbolo de accesibilidad	Informar que el vehículo está adaptado.	Puertas o ventanas visibles.
Distintivo internacional	Cumplir normativa de transporte internacional.	Trasera del vehículo.

Anotación

La ausencia, mal estado o ubicación incorrecta de los distintivos obligatorios puede dar lugar a sanciones y, en algunos casos, a la prohibición de continuar el servicio hasta su corrección.

2. Inspección de transporte

La inspección de transporte es la actividad que realizan las autoridades competentes para garantizar que las empresas, vehículos y conductores que prestan servicios de transporte de viajeros cumplen con la normativa vigente.

Su objetivo es prevenir infracciones, mejorar la seguridad vial, proteger los derechos de los usuarios y garantizar la competencia leal entre operadores.

Estas inspecciones pueden llevarse a cabo en carretera, en estaciones de transporte, en las instalaciones de la empresa o incluso de forma documental a través de requerimientos administrativos.

2.1. Identificación de funciones

Las funciones de la inspección de transporte se orientan a verificar, controlar y, en su caso, sancionar el incumplimiento de la normativa.

Fig. 10. Las funciones no se limitan a la comprobación de documentos, sino que abarcan aspectos técnicos, operativos y de seguridad

Para entenderlas mejor, puede resumirse su alcance de la siguiente forma:

Función	Descripción
Control documental	Verificar que el vehículo, el conductor y el servicio disponen de toda la documentación exigible (permisos, licencias, seguros, libros, contratos, etc.).
Control técnico	Comprobar que el vehículo cumple las condiciones de seguridad y mantenimiento (ITV, tacógrafo, dispositivos obligatorios).
Supervisión operativa	Asegurar que los servicios se realizan según lo autorizado (itinerario, horarios, tarifas, tipo de transporte).
Protección de usuarios	Revisar que se cumplen las condiciones de confort, accesibilidad y seguridad para los pasajeros.
Detección de infracciones	Identificar incumplimientos y determinar su gravedad.
Asesoramiento y prevención	Informar a las empresas y conductores sobre obligaciones y buenas prácticas.

En un control en carretera, los inspectores revisan el permiso de conducción, el CAP, el libro de ruta y el tacógrafo. También comprueban que el vehículo lleve los distintivos obligatorios y que no existan defectos mecánicos visibles. Si todo está correcto, el vehículo continúa su ruta sin sanciones.

2.2. Asignación de competencias

La **asignación de competencias** en materia de inspección de transporte establece qué organismos y autoridades están facultados para llevar a cabo las labores de control, supervisión y sanción.

En España, estas competencias están repartidas entre diferentes niveles administrativos, y su ejercicio depende del ámbito territorial del servicio (nacional, autonómico o local) y de la naturaleza del transporte.

De forma general, las competencias se distribuyen así:

Nivel / organismo	Funciones principales
Ministerio de Transportes y Movilidad Sostenible	Normativa estatal, inspección de transportes de ámbito nacional e internacional, coordinación con la UE.
Comunidades Autónomas	Inspección y control de transportes de ámbito autonómico, gestión de autorizaciones y sanciones en su territorio.
Ayuntamientos	Control de transportes urbanos (autobuses municipales, taxis), verificación de licencias locales.
Fuerzas y Cuerpos de Seguridad (Guardia Civil, Policías Autonómicas y Locales)	Inspección en carretera, comprobación documental y técnica, levantamiento de actas.
Inspectores de transporte	Personal habilitado para inspecciones en carretera o en sedes de empresas.

Fig. 11. En los transportes internacionales, además de las autoridades españolas, pueden intervenir inspectores o agentes de otros países en función del territorio en que circule el vehículo

2.3. Conocimiento de las obligaciones de la empresa transportista frente a la inspección

Cuando se realiza una inspección, la **empresa transportista** tiene una serie de obligaciones legales que debe cumplir para facilitar la labor de los inspectores y demostrar que el servicio se desarrolla conforme a la normativa.

Estas obligaciones abarcan tanto la presentación de documentación como la colaboración activa durante el proceso.

Entre las más relevantes se encuentran:

Obligación	Descripción
Presentar documentación	Mostrar a los inspectores todos los documentos exigidos (licencias, permisos, seguros, libros, contratos, registros del tacógrafo).
Facilitar acceso al vehículo	Permitir que los inspectores revisen el interior, compartimentos y dispositivos de seguridad.
Colaborar con el personal inspector	Responder a preguntas y aportar información veraz sobre el servicio y el vehículo.
Mantener actualizada la documentación	Asegurar que todos los documentos estén en vigor y sean auténticos.
Conservar registros	Guardar contratos, libros de ruta y datos del tacógrafo durante el tiempo legalmente establecido.
Cumplir instrucciones	Atender las indicaciones de los inspectores, incluyendo la inmovilización si es ordenada.

En una inspección en estación, el inspector solicita a la empresa el libro de ruta y el contrato de transporte de un servicio discrecional. La empresa entrega la documentación de forma inmediata y esta coincide con el servicio que se está realizando, evitando cualquier sanción.

2.4. Conocimiento de las obligaciones de los clientes frente a la inspección

En el transporte de viajeros, **los clientes o pasajeros** también tienen obligaciones legales cuando se produce una inspección.

Si bien su responsabilidad es mucho menor que la de la empresa transportista, deben colaborar con los inspectores y cumplir ciertos requisitos para que el control se realice correctamente.

Entre sus principales obligaciones destacan:

Obligación	Descripción
Presentar el título de transporte	Mostrar el billete o documento equivalente que acredite que ha abonado el servicio.
Colaborar con los inspectores	Responder de forma veraz a las preguntas relacionadas con el servicio y su contrato.
Respetar las instrucciones	Seguir las indicaciones de los inspectores o de la autoridad en relación con el control.
No obstaculizar la inspección	Evitar conductas que impidan o retrasen el trabajo de la autoridad.

Durante un control en carretera, los inspectores solicitan a varios pasajeros que muestren su billete para verificar que coincide con la ruta y el precio autorizado. Los pasajeros colaboran mostrando el título de transporte, permitiendo que el control se complete sin incidentes.

2.5. Identificación de las infracciones y sanciones

En el ámbito del transporte de viajeros, las infracciones son los incumplimientos de la normativa que regulan la actividad y que pueden ser detectados por la inspección. Estas infracciones se clasifican en leves, graves y muy graves, y cada categoría lleva aparejada un tipo de sanción que puede ir desde una advertencia hasta la inmovilización del vehículo o la retirada de licencias.

Esta clasificación puede resumirse en:

Tipo de infracción	Ejemplos comunes	Sanciones posibles
Leve	No llevar a bordo un documento obligatorio aunque exista y esté en vigor; retraso en la presentación de información.	Multas de menor cuantía.
Grave	Circular sin seguro obligatorio; incumplir itinerario autorizado; no disponer de libro de ruta en un transporte discrecional.	Multas elevadas; posible inmovilización del vehículo.
Muy grave	Falsificación de documentos; carecer de autorización de transporte; manipulación del tacógrafo.	Multas muy altas; retirada de autorizaciones; suspensión temporal de actividad.

Fig. 12. La reincidencia en infracciones graves o muy graves puede agravar la sanción e incluso provocar la pérdida definitiva de la autorización de transporte

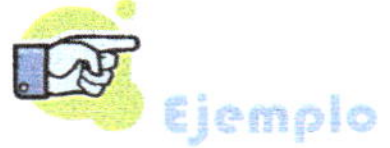

Un autocar realiza un servicio internacional sin la Licencia Comunitaria. Esta situación constituye una infracción muy grave y puede implicar la prohibición inmediata de continuar el viaje y una sanción económica importante.

2.6. Identificación de infracciones leves

Las **infracciones leves** en el transporte de viajeros son incumplimientos de la normativa que, sin comprometer de forma grave la seguridad o la legalidad del servicio, suponen un incumplimiento de las obligaciones establecidas.

Aunque sus sanciones suelen ser de menor cuantía, su repetición puede derivar en infracciones graves.

Entre las más frecuentes se encuentran:

- No llevar a bordo un documento obligatorio, aun cuando esté vigente y disponible en la empresa.
- Presentar documentos con errores formales o incompletos.
- Retrasar la entrega de información o documentación solicitada por la autoridad competente.
- Incumplir de forma esporádica los horarios de salida o llegada en transportes regulares, sin afectar de forma significativa a los usuarios.
- No tener visible un distintivo obligatorio, aunque esté en el vehículo.

Un autocar realiza un servicio discrecional y durante una inspección el conductor no encuentra en ese momento el justificante de pago del seguro, aunque la póliza está en vigor y se localiza posteriormente en las oficinas. Esto se considera infracción leve.

2.7. Identificación de infracciones graves

Las **infracciones graves** implican un incumplimiento que puede afectar de forma significativa a la seguridad vial, a la legalidad de la actividad o a los derechos de los pasajeros.

Este tipo de infracciones conlleva sanciones económicas más elevadas y, en algunos casos, la inmovilización del vehículo.

Algunos ejemplos habituales son:

- Circular sin el seguro obligatorio en vigor.
- Realizar un servicio de transporte sin portar a bordo la autorización correspondiente (aunque exista).

- Incumplir el itinerario, paradas o tarifas fijadas en un transporte regular, afectando a los usuarios o a la concesión.
- No disponer del libro de ruta en un transporte discrecional o internacional.
- No cumplir los tiempos de conducción y descanso establecidos, sin llegar a manipulación de tacógrafo.
- No facilitar el libro de reclamaciones a los usuarios que lo soliciten.
- No subsanar defectos graves detectados en la ITV en el plazo requerido.

Una empresa de transporte que tiene autorización para cubrir la ruta A-B realiza un trayecto alternativo que no está autorizado, recogiendo pasajeros en paradas no previstas. Esta acción vulnera las condiciones de la concesión y se considera infracción grave.

2.8. Identificación de infracciones muy graves

Las **infracciones muy graves** en el transporte de viajeros son aquellas que suponen un riesgo grave e inmediato para la seguridad vial, una vulneración sustancial de la legalidad o un perjuicio significativo a los derechos de los usuarios.

Este tipo de infracciones suele llevar aparejadas las sanciones más elevadas, pudiendo implicar la inmovilización del vehículo, la suspensión de la autorización de transporte e incluso su retirada definitiva.

Entre los casos más comunes se encuentran:

- Carecer de la autorización administrativa para realizar el servicio (no tener título habilitante o licencia comunitaria cuando es necesaria).
- Utilizar documentos falsificados o manipulados (permisos, contratos, libros de ruta, tacógrafo).
- Manipular el tacógrafo o sus registros para alterar tiempos de conducción y descanso.

- Realizar transporte público con un vehículo sin ITV en vigor o con inspección negativa.
- Reincidir en infracciones graves en el plazo legal establecido.
- Realizar transporte escolar sin cumplir las medidas de seguridad y acompañamiento obligatorias.
- Prestar servicios de transporte con vehículos no asegurados o con seguros caducados.

Un autocar realiza un servicio internacional sin disponer de Licencia Comunitaria ni de autorización bilateral. Además, porta documentación falsificada para aparentar que la tiene. Esto constituye una infracción muy grave, con sanción elevada y prohibición inmediata de continuar el viaje.

2.9. Conocimiento acerca de las reglas generales sobre responsabilidad

En materia de transporte de viajeros, la **responsabilidad** ante infracciones y sanciones se asigna siguiendo unas reglas generales que determinan quién debe responder legalmente por un incumplimiento.

Estas reglas buscan asegurar que la persona o entidad responsable sea quien tenía la obligación de cumplir la norma.

Las principales reglas son:

- **Responsabilidad de la empresa transportista**: recae sobre la persona física o jurídica titular de la autorización o licencia, salvo que se demuestre que la infracción se cometió por causa imputable exclusivamente a otra persona.

- **Responsabilidad del conductor**: el conductor asume la responsabilidad por infracciones relacionadas con su actuación directa (ej. manipular el tacógrafo, conducir sin descanso reglamentario, no portar su permiso de conducción).

- **Responsabilidad solidaria**: en algunos casos, la empresa y el conductor pueden ser sancionados conjuntamente, especialmente cuando se demuestra que la empresa ordenó o toleró la infracción.

- **Responsabilidad del cliente**: el pasajero responde únicamente por obligaciones propias (ej. viajar sin billete, obstruir la inspección).

 **Anotación**

La carga de la prueba para demostrar que la infracción fue responsabilidad de otra parte recae sobre quien pretende eximirse. Es decir, si la empresa afirma que una infracción fue culpa exclusiva del conductor, deberá acreditarlo.

 Ejemplo

En un control, se detecta que el conductor ha superado ampliamente las horas máximas de conducción. Si la empresa demostró haber planificado correctamente los turnos y que el conductor decidió ignorar las pausas, la responsabilidad recaerá principalmente en el conductor.

2.10. Aplicación del régimen sancionador

El **régimen sancionador** en el transporte de viajeros establece las consecuencias legales que se aplican cuando se detecta una infracción, determinando el tipo y cuantía de la sanción, así como las medidas adicionales que pueden imponerse.

Fig. 13. El régimen sancionador tiene la finalidad de garantizar el cumplimiento de la normativa, disuadir conductas ilícitas y proteger la seguridad y los derechos de los usuarios

Las sanciones se aplican atendiendo a la clasificación de la infracción (leve, grave o muy grave), y se ajustan a criterios como la gravedad del daño, la intencionalidad, la reincidencia y las circunstancias concurrentes.

En términos generales, las sanciones pueden incluir:

- **Multas económicas**: cuantía proporcional al tipo de infracción y prevista en la legislación vigente.
- **Inmovilización del vehículo**: en casos en que la continuidad del servicio suponga un riesgo grave.
- **Suspensión temporal de autorizaciones**: aplicable en infracciones graves y muy graves.
- **Revocación definitiva de autorizaciones**: en casos de reiteración o especial gravedad.
- **Pérdida de honorabilidad**: lo que impide ejercer la actividad de transporte durante un periodo determinado.

Una empresa reincide en prestar servicio sin el seguro obligatorio, lo que se considera infracción muy grave. Además de la multa, la autoridad suspende su autorización de transporte durante varios meses.

2.11. Aplicación del procedimiento sancionador

El **procedimiento sancionador** es el conjunto de pasos administrativos que sigue la autoridad competente desde que detecta una infracción hasta que impone, confirma o archiva la sanción.

Este procedimiento está regulado para garantizar el derecho de defensa de las partes implicadas y la transparencia en la actuación de la Administración.

Generalmente, el proceso sigue las siguientes fases:

1. **Inicio:**
   - Puede producirse de oficio (por la propia autoridad) o como consecuencia de una inspección o denuncia.
   - Se notifica a la empresa o persona implicada la apertura del expediente sancionador.

2. **Instrucción:**
   - Se recaban las pruebas y documentos necesarios (actas de inspección, declaraciones, registros).
   - El instructor formula una propuesta de resolución.

3. **Alegaciones:** El presunto infractor tiene un plazo para presentar pruebas y argumentos en su defensa.

4. **Resolución:** La autoridad dicta una resolución que puede imponer sanción, archivar el expediente o aplicar medidas correctivas.

5. **Recursos:** El sancionado puede interponer recursos administrativos y, en su caso, acudir a la vía judicial.

Durante todo el procedimiento se deben respetar los plazos legales y las garantías de audiencia, evitando indefensión; la falta de respuesta en plazo por parte de la Administración puede derivar en caducidad del expediente.

En un control, se detecta que un vehículo realiza transporte internacional sin Licencia Comunitaria. Se abre expediente sancionador, se da traslado a la empresa para alegaciones y, tras analizar la documentación, se confirma la infracción y se impone la multa correspondiente.

Resumen

En el transporte de viajeros, la gestión documental es esencial para garantizar que la actividad se desarrolla dentro de la legalidad, protegiendo tanto la seguridad de los usuarios como la viabilidad del servicio. Los documentos que intervienen pueden clasificarse en administrativos, del vehículo, del conductor, del servicio y de control o seguridad, y deben estar siempre en vigor, actualizados y disponibles para ser presentados en cualquier inspección. Entre los más importantes se encuentran el permiso de circulación, la tarjeta de inspección técnica, las autorizaciones administrativas, el certificado de aptitud profesional (CAP), los seguros, el libro de ruta, el contrato de transporte, el tacógrafo y los distintivos obligatorios.

El permiso de circulación acredita que el vehículo está autorizado a circular y debe acompañar siempre al conductor durante el servicio. La tarjeta de inspección técnica certifica que el vehículo cumple los requisitos de seguridad y medioambientales exigidos por la ley, con periodicidad de revisión más estricta para los vehículos de transporte de viajeros. El conductor debe contar con la habilitación adecuada, que incluye el permiso de conducción de la clase correspondiente y el CAP, renovado cada cinco años. En caso de que el conductor sea de un país extracomunitario, es necesario el certificado de conductor de tercer país.

La empresa debe disponer de un título administrativo habilitante para operar, cuya concesión está sujeta a requisitos como la personalidad jurídica, la capacidad financiera, la honorabilidad y la competencia profesional. Según el tipo de servicio, se distinguen varias modalidades: el transporte discrecional, contratado para un grupo concreto y con plena flexibilidad de rutas y horarios; el transporte privado complementario, destinado a trasladar a personas vinculadas a la propia entidad, como trabajadores o alumnos; el transporte regular de uso especial, con itinerarios y horarios fijos para un colectivo determinado, como el escolar; y el transporte regular de uso general, abierto a todos los usuarios, sujeto a concesiones y tarifas reguladas.

En el ámbito internacional, la gestión incluye la obtención de la Licencia Comunitaria para circular por la UE y el EEE, y autorizaciones bilaterales o multilaterales para terceros países. También es posible realizar transportes regulares sometidos a autorización y operaciones de cabotaje autorizado, que permiten a una empresa extranjera prestar temporalmente servicios internos en otro país. El contrato de transporte, especialmente en servicios discrecionales e internacionales, debe reflejar datos de la empresa, vehículo, conductor, itinerario, precio y condiciones, y conservarse a bordo junto con el libro de ruta, que documenta cada servicio. El libro de reclamaciones debe estar disponible para los pasajeros en todo momento.

El tacógrafo, ya sea analógico o digital, registra los tiempos de conducción y descanso, y su documentación asociada —tarjeta de conductor, discos, certificados— debe estar siempre disponible. Los distintivos del vehículo, como la señal de transporte escolar o la placa de servicio público, facilitan la identificación del tipo de transporte y su legalidad.

La inspección de transporte, realizada por autoridades competentes a nivel estatal, autonómico o local, tiene funciones de control documental, técnico y operativo, así como de protección a los usuarios. La empresa debe colaborar plenamente en estas inspecciones, facilitando el acceso a la documentación y al vehículo, mientras que los pasajeros están obligados a mostrar su título de transporte y no obstaculizar el control.

Las infracciones se clasifican en leves, graves y muy graves. Las leves incluyen, por ejemplo, no portar un documento vigente; las graves abarcan, entre otras, circular sin seguro o incumplir el itinerario autorizado; y las muy graves implican conductas como falsificar documentos o manipular el tacógrafo. El régimen sancionador contempla multas económicas, inmovilización del vehículo, suspensión o retirada de autorizaciones y pérdida de honorabilidad. El procedimiento sancionador se inicia con la detección de la infracción, continúa con la instrucción y presentación de alegaciones, y finaliza con la resolución y posibilidad de recurrir.

En conjunto, este módulo proporciona las bases para identificar, gestionar y mantener la documentación imprescindible en el transporte de viajeros, así como para comprender el funcionamiento de la inspección y el marco sancionador aplicable, garantizando así el cumplimiento de la normativa y la calidad del servicio.

Glosario

Autorización de transporte

Documento administrativo que habilita a una empresa o autónomo para prestar servicios de transporte de viajeros, ya sea en modalidad regular, discrecional o privada complementaria.

Cabotaje

Actividad de transporte realizada por una empresa extranjera dentro de un país distinto al de su establecimiento, sujeta a autorización y condiciones específicas.

CAP (Certificado de Aptitud Profesional)

Acreditación obligatoria para los conductores profesionales de transporte de viajeros, que certifica la cualificación necesaria para el ejercicio de la actividad.

Carta verde

Documento internacional que acredita que un vehículo dispone de seguro de responsabilidad civil válido en países adheridos al sistema de carta verde.

Contrato de transporte

Acuerdo, verbal o escrito, entre el transportista y el cliente, que establece las condiciones del servicio, incluyendo itinerario, precio y obligaciones de ambas partes.

Distintivo del vehículo

Elemento visible (placa, adhesivo, señal) que identifica el tipo de servicio, como la placa de servicio público, la señal V-10 para transporte escolar o el símbolo de accesibilidad.

Inspección de transporte

Actividad de control realizada por autoridades competentes para verificar que el transporte de viajeros cumple con la normativa vigente.

Infracción grave

Incumplimiento de la normativa que afecta de forma significativa a la seguridad, legalidad o derechos de los usuarios, como circular sin seguro o incumplir itinerarios autorizados.

Infracción leve

Falta que supone un incumplimiento menor de la normativa, como no portar un documento vigente en el momento de la inspección.

Infracción muy grave

Conducta que supone un riesgo grave o vulneración sustancial de la ley, como manipular el tacógrafo, falsificar documentos o carecer de autorización de transporte.

ITV (Inspección Técnica de Vehículos)

Revisión obligatoria que certifica que el vehículo cumple las condiciones técnicas, de seguridad y medioambientales para circular.

Licencia Comunitaria

Documento que autoriza a las empresas de transporte de la UE a realizar servicios internacionales en territorio comunitario y del EEE.

Libro de reclamaciones

Documento oficial que permite a los usuarios presentar quejas o reclamaciones sobre el servicio de transporte recibido.

Libro de ruta

Registro obligatorio para determinados servicios de transporte, donde se anotan datos esenciales del viaje, como fecha, itinerario y número de pasajeros.

Permiso de circulación

Documento que acredita que un vehículo está matriculado y autorizado para circular por vías públicas.

Tacógrafo

Dispositivo que registra los tiempos de conducción, pausas y descansos del conductor. Puede ser analógico o digital y está regulado por normativa específica.

Título administrativo habilitante

Autorización oficial que permite a una empresa o profesional ejercer la actividad de transporte público de viajeros.

Transporte discrecional

Servicio contratado para un grupo específico, sin itinerario ni horario preestablecido, adaptado a las necesidades del cliente.

Transporte privado complementario

Transporte realizado por una empresa para su propio personal, socios o clientes, como complemento de su actividad principal, sin ofrecer el servicio al público general.

Transporte regular de uso especial

Servicio con itinerario y horario fijo destinado a un grupo cerrado de usuarios, como el transporte escolar o de trabajadores.

Transporte regular de uso general

Servicio continuo, abierto a cualquier usuario, con rutas, horarios y tarifas previamente fijados y autorizados.

Ejercicios de autoevaluación

1. ¿Cuál es la finalidad principal del permiso de circulación?

a. Autorizar el transporte internacional.

b. Autorizar y acreditar que el vehículo puede circular legalmente.

c. Garantizar el seguro obligatorio.

d. Registrar los tiempos de conducción.

2. El Certificado de Aptitud Profesional (CAP) para transporte de viajeros debe renovarse cada:

a. 3 años.

b. 7 años.

c. 5 años.

d. 10 años.

3. ¿Cuál de los siguientes documentos es obligatorio para un conductor extracomunitario que realiza transporte internacional en la UE?

a. Carta verde.

b. Libro de ruta.

c. Certificado de conductor de tercer país.

d. Licencia comunitaria.

4. El seguro obligatorio de viajeros (SOV) cubre principalmente:

a. Daños materiales a terceros.

b. Daños personales a los pasajeros durante el servicio.

c. Averías mecánicas del vehículo.

d. Daños al equipaje de los pasajeros.

5. ¿Cuál de estos requisitos es necesario para obtener el título administrativo habilitante?

a. Acreditar capacidad financiera mínima exigida.

b. Contar con certificado médico del conductor.

c. Contratar seguro de responsabilidad civil internacional.

d. Realizar formación de transporte escolar.

6. El transporte discrecional se caracteriza por:

a. Tener itinerarios y horarios fijos.

b. Ser gratuito para los usuarios.

c. Adaptarse a las necesidades específicas de un grupo o cliente.

d. Ser exclusivamente internacional.

7. El transporte privado complementario se utiliza para:

a. Trasladar personal, clientes o miembros de una entidad sin que el transporte sea la actividad principal.

b. Llevar a cualquier usuario que compre billete.

c. Rutas turísticas internacionales.

d. Servicios públicos urbanos.

8. El transporte regular de uso especial está destinado a:

a. Cualquier persona que pague billete.

b. Viajes turísticos internacionales.

c. Colectivos cerrados como escolares o trabajadores.

d. Transporte urbano con varias paradas.

9. La Licencia Comunitaria permite:

a. Realizar transporte urbano en cualquier ciudad.

b. Prestar transporte escolar en la UE.

c. Operar sin autorización en transportes nacionales.

d. Realizar servicios internacionales de transporte de viajeros en la UE y EEE.

10. El cabotaje autorizado consiste en:

a. Operar transporte internacional fuera de la UE.

b. Realizar transporte privado dentro de una misma comunidad autónoma.

c. Prestar servicios internos temporales en otro Estado miembro distinto al de la empresa.

d. Viajar sin contrato de transporte.

Módulo 2. Seguridad en el transporte de viajeros

Introducción

La seguridad en el transporte de viajeros constituye un pilar esencial para garantizar la integridad física de las personas y la protección de los bienes durante los desplazamientos. En el contexto de la conducción profesional, la aplicación de protocolos de seguridad y el correcto uso de los equipos instalados en el vehículo son factores determinantes para prevenir accidentes y minimizar sus consecuencias.

Este módulo aborda de manera integral las medidas preventivas y las actuaciones necesarias ante situaciones de riesgo, desde el conocimiento de los equipos de seguridad del autocar y sus funciones, hasta los procedimientos específicos de evacuación y atención en caso de emergencia. Se contempla tanto la prevención (mantenimiento y uso adecuado de los dispositivos) como la reacción ante contingencias, incluyendo incendios, vuelcos, colisiones o caídas al agua.

Asimismo, se analiza la importancia de la evacuación ordenada y eficiente, el papel del conductor como figura clave en la gestión de emergencias, y la aplicación de medidas técnicas como el ajuste del cinturón de seguridad, la configuración del limitador de velocidad o el uso de ventanas de socorro. Este enfoque integral permite que el personal dedicado al transporte de viajeros no solo cumpla con la normativa vigente, sino que adquiera competencias para actuar de forma rápida, segura y coordinada ante cualquier eventualidad.

Objetivos

- Identificar y gestionar los equipos de seguridad presentes en vehículos de transporte de viajeros, comprendiendo su finalidad y correcto funcionamiento.
- Aplicar medidas preventivas para garantizar la seguridad de los pasajeros durante todo el trayecto, incluyendo acceso, evacuación y acondicionamiento interior.
- Actuar de forma eficaz ante emergencias como incendios, averías, colisiones, vuelcos o caídas al agua, siguiendo protocolos establecidos y priorizando la protección de las personas.
- Ejecutar maniobras de evacuación utilizando puertas, salidas de emergencia y ventanas de socorro de acuerdo con la situación y las características del vehículo.
- Integrar la prevención de riesgos en la operativa diaria del transporte de viajeros, fomentando una actitud proactiva ante posibles incidentes.
- Configurar y verificar dispositivos técnicos de seguridad como el sistema antibloqueo de frenos (ABS) y el limitador de velocidad, asegurando su correcto ajuste.
- Comprender la normativa y las recomendaciones técnicas relacionadas con la seguridad en el transporte de viajeros, aplicándolas en situaciones reales.

1. Aplicación de las medidas de seguridad en los vehículos

La seguridad en el transporte de viajeros no depende únicamente de la pericia del conductor, sino también de la correcta disposición, mantenimiento y uso de los elementos técnicos y operativos del vehículo. Un autocar bien equipado y en condiciones óptimas de funcionamiento reduce el riesgo de accidentes y permite actuar con eficacia en caso de emergencia.

Las medidas de seguridad deben considerarse en dos fases complementarias: **preventiva**, para evitar la aparición de riesgos, y **reactiva**, para responder de forma adecuada cuando el incidente es inevitable. La prevención incluye la revisión periódica de los equipos, la comprobación de que los dispositivos están operativos y el cumplimiento de las normas de circulación y transporte.

Fig. 1. La reacción se basa en la aplicación de protocolos establecidos y en el uso correcto de los medios disponibles para proteger a los pasajeros

1.1. Gestión de equipos de seguridad en el autocar

Un autocar destinado al transporte de viajeros está dotado de diferentes elementos de seguridad, tanto activos como pasivos. Su correcta gestión implica conocer su ubicación, funcionamiento, mantenimiento y uso adecuado.

Los principales equipos de seguridad son:

Equipo de seguridad	Función principal	Puntos clave de gestión
Extintores	Controlar o sofocar incendios incipientes.	Verificar fecha de caducidad, ubicación accesible y señalización visible. Realizar revisiones periódicas según normativa.
Botiquín de primeros auxilios	Proporcionar material básico para atender lesiones leves.	Mantenerlo completo, limpio y accesible; revisar caducidad de productos.
Martillos rompecristales	Facilitar la evacuación rompiendo ventanas de emergencia.	Asegurar que estén fijados en soportes visibles, sin obstrucciones, y que haya el número reglamentario.
Cinturones de seguridad	Proteger a los pasajeros en caso de impacto o frenada brusca.	Revisar anclajes, tensores y cierres. Explicar su uso a los pasajeros si es necesario.
Sistema antibloqueo de frenos (ABS)	Evitar el bloqueo de ruedas durante frenadas bruscas.	Realizar revisiones técnicas y mantener el sistema libre de fallos.
Limitador de velocidad	Restringir la velocidad máxima según normativa.	Comprobar su configuración y que no haya sido manipulado.
Señalización de emergencia (triángulos, luces)	Advertir de la presencia del vehículo en carretera en caso de avería o accidente.	Guardar en lugar accesible, con carga suficiente en luces y material reflectante en buen estado.
Salidas de emergencia	Permitir evacuación rápida en situaciones críticas.	Revisar apertura y accesibilidad; evitar objetos que bloqueen el acceso.

Fig. 2. La inspección previa al inicio del servicio es una responsabilidad del conductor: en esta revisión debe comprobarse el estado de todos los dispositivos de seguridad, siguiendo una lista de chequeo establecida por la empresa o la normativa vigente

En una ruta escolar, el conductor revisa antes de iniciar el trayecto que todos los cinturones funcionan y que los martillos de emergencia están en su lugar. Durante el recorrido, detecta que una luz de señalización de emergencia no enciende y lo comunica inmediatamente al responsable de mantenimiento para su reparación antes del siguiente servicio.

1.2. Gestión del acceso y evacuación

La forma en la que se organiza y controla el acceso y la evacuación del autocar influye directamente en la seguridad de los pasajeros. Un embarque ordenado, una correcta supervisión de las puertas y un procedimiento claro para emergencias reducen los riesgos de accidentes y mejoran la eficacia en caso de evacuación.

Los aspectos más importantes en la gestión del acceso son:

- Mantener las puertas libres de obstáculos, tanto en el interior como en el exterior.
- Supervisar la subida y bajada de pasajeros, especialmente personas con movilidad reducida, niños y personas mayores.
- Usar rampas o plataformas elevadoras en caso de pasajeros con silla de ruedas, siguiendo las indicaciones del fabricante.
- Evitar que los pasajeros se aglomeren en las entradas o salidas.

Con respecto a la evacuación, se debe:

- Identificar previamente las salidas de emergencia y su mecanismo de apertura.
- Explicar al inicio del viaje, cuando sea necesario, la ubicación y uso de las salidas y martillos rompecristales.
- Mantener despejados los pasillos y zonas de acceso a puertas y ventanas de socorro.
- Establecer un orden de evacuación, priorizando pasajeros en riesgo (niños, personas mayores, heridos).

- Aplicar las técnicas adecuadas según el tipo de emergencia (incendio, vuelco, caída al agua, colisión).

Se describe a continuación el procedimiento según tipo de incidente:

Tipo de incidente	Medidas de evacuación
Incendio en motor	Detener el vehículo, cortar motor, usar extintor y evacuar por la puerta más alejada.
Colisión frontal	Revisar estado de los pasajeros, evacuar por puertas traseras o ventanas de socorro si las delanteras están bloqueadas.
Vuelco lateral	Evaluar el lado menos comprometido para evacuar, usar martillos rompecristales si es necesario.
Caída al agua	Mantener la calma, evacuar rápidamente por salidas superiores, evitar abrir puertas sumergidas.

Durante un trayecto interurbano, el vehículo sufre un reventón de neumático y se detiene en una vía estrecha. El conductor, siguiendo el protocolo, ordena la evacuación por la puerta contraria al tráfico, mantiene el grupo reunido en un lugar seguro fuera de la calzada y solicita asistencia.

1.3. Prevención de incendios

La prevención de incendios en un autocar se basa en la correcta conservación de los sistemas mecánicos y eléctricos, en el uso responsable de los equipos y en la aplicación de medidas que eviten la acumulación de materiales inflamables.

Fig. 3. La mayor parte de los incendios en vehículos de transporte de viajeros se originan en el compartimento del motor o en sistemas eléctricos defectuosos, por lo que la inspección periódica y el mantenimiento preventivo son esenciales

El conductor debe conocer la ubicación y manejo de los extintores, asegurando que están cargados, señalizados y accesibles. Asimismo, es necesario evitar cualquier manipulación inadecuada de los sistemas eléctricos, no sobrecargar enchufes o conexiones y controlar posibles fugas de combustible o lubricantes.

En relación con las principales medidas preventivas que deben adoptarse en el día a día, cabe mencionar las siguientes:

- Revisar periódicamente el estado de los sistemas eléctricos y de combustible.
- Mantener limpio el compartimento del motor, eliminando restos de aceite, polvo o grasa acumulada.
- Comprobar que los extintores están operativos y en la ubicación prevista por la normativa.
- Evitar fumar en el interior del vehículo o en las inmediaciones de depósitos de combustible.
- Vigilar el correcto funcionamiento de sistemas como el ventilador, el alternador y el cableado eléctrico.

Durante una inspección rutinaria, el conductor detecta un olor a quemado procedente del compartimento trasero. En este caso, la actuación preventiva consistiría en detener el vehículo, desconectar la alimentación eléctrica, inspeccionar la zona y, si existe riesgo real, evacuar a los pasajeros y utilizar el extintor según el protocolo.

1.4. Ajuste del acondicionamiento interior

El acondicionamiento interior del autocar influye directamente en la seguridad y el confort de los pasajeros. No se trata solo de mantener un entorno agradable, sino de garantizar que los elementos interiores no se conviertan en factores de riesgo durante la marcha o en caso de accidente.

El conductor debe asegurarse de que todos los elementos del mobiliario interior, como asientos, reposabrazos, pasamanos o compartimentos para equipaje, estén firmemente anclados y sin desperfectos.

Fig. 4. La climatización y la ventilación deben ajustarse para garantizar una temperatura adecuada, evitando situaciones de incomodidad que puedan generar malestar o distracciones

Asimismo, resulta fundamental que el sistema de iluminación interior esté en correcto funcionamiento, permitiendo una visibilidad suficiente en todo momento, especialmente en trayectos nocturnos o en situaciones de emergencia. En el caso de equipajes, deben colocarse de forma segura, evitando que bultos sueltos puedan desplazarse y provocar lesiones en caso de frenada brusca.

Para resumir las acciones básicas en este apartado, se pueden considerar las siguientes pautas:

- Ajustar temperatura y ventilación según las condiciones climáticas y el número de pasajeros.
- Revisar que las puertas de compartimentos y portaequipajes cierren correctamente.
- Garantizar que no haya objetos sueltos en pasillos o zonas de evacuación.
- Verificar el buen estado de asientos, cinturones y mecanismos de sujeción.
- Mantener en buen estado los sistemas de iluminación interior, incluidos los de emergencia.

Un ejemplo ilustrativo sería el de un viaje largo en temporada de verano: un acondicionamiento inadecuado de la climatización puede provocar mareos o deshidratación en los pasajeros, mientras que un ajuste correcto de la temperatura y ventilación contribuye a un trayecto más seguro y confortable.

1.5. Configuración del sistema antibloqueo de frenos

El sistema antibloqueo de frenos (ABS) es un elemento de seguridad activa diseñado para evitar que las ruedas se bloqueen durante una frenada brusca, lo que permite mantener el control del vehículo y reducir la distancia de detención en la mayoría de situaciones.

Fig. 5. El correcto funcionamiento del ABS en muy importante en autocar, especialmente por el peso y la inercia que maneja

El conductor debe conocer el comportamiento del **ABS** y asegurarse de que está operativo antes de iniciar el servicio. La configuración del sistema, por lo general, es automática y se realiza desde la unidad de control electrónica del vehículo, aunque algunos modelos permiten ajustes en función de las condiciones de carga o del tipo de servicio.

En cuanto a las prácticas recomendadas para garantizar el correcto funcionamiento del **ABS**, conviene tener en cuenta las siguientes:

- Comprobar que el testigo luminoso del **ABS** se enciende al poner el contacto y se apaga después de unos segundos; si permanece encendido, debe revisarse el sistema antes de circular.
- Evitar modificaciones o desconexiones no autorizadas del sistema.
- Realizar las revisiones programadas por el fabricante, prestando especial atención a sensores y conexiones eléctricas.
- En caso de frenada de emergencia, aplicar una presión firme y continua sobre el pedal, permitiendo que el sistema actúe; no se debe bombear el pedal, ya que el **ABS** regula la presión de forma automática.

Un ejemplo frecuente es el de un conductor que nota vibraciones en el pedal durante una frenada brusca. Esto no indica un fallo, sino el funcionamiento normal del ABS, que modula la presión para evitar el bloqueo de las ruedas.

1.6. Configuración del limitador de velocidad

El limitador de velocidad es un dispositivo que impide que el vehículo supere una velocidad máxima preestablecida, cumpliendo así con la normativa de transporte y contribuyendo a la seguridad vial. En autocares de servicio regular o discrecional, este límite suele fijarse en 100 km/h para vías adecuadas, aunque pueden aplicarse restricciones adicionales según el tipo de servicio o el país.

La configuración del limitador normalmente está bloqueada para evitar manipulaciones por parte del conductor y solo puede ser modificada por personal autorizado o en talleres especializados. Sin embargo, el conductor debe verificar su funcionamiento y ser consciente de que no sustituye la responsabilidad de mantener una conducción segura y adaptada a las condiciones de la vía.

Las comprobaciones básicas incluyen:

- Confirmar que el vehículo no supera la velocidad establecida, incluso en descensos prolongados.
- Revisar que no existan avisos de error relacionados con el limitador en el panel de control.
- Evitar sobrecargas o pendientes que obliguen a forzar el motor, lo que podría afectar al sistema.

En un trayecto por autopista, el conductor mantiene una velocidad constante de 95 km/h sin necesidad de estar pendiente del acelerador, lo que reduce la fatiga y mejora la eficiencia del consumo, gracias a la acción del limitador.

1.7. Ajuste del cinturón de seguridad

El cinturón de seguridad es un sistema de retención pasivo que protege a los ocupantes al reducir el riesgo de lesiones graves en caso de accidente o frenada brusca. En el transporte de viajeros, el uso de este dispositivo es obligatorio tanto para el conductor como para los pasajeros, siempre que el vehículo esté equipado con ellos.

El conductor debe comprobar que todos los cinturones están en buen estado, con anclajes firmes y sin desgaste en las cintas, y que los mecanismos de cierre y retracción funcionan correctamente.

Fig. 6. Antes de iniciar el viaje, se debe informar a los pasajeros de la obligatoriedad de su uso y, si es necesario, explicar su correcto ajuste

Entre las recomendaciones básicas para un uso seguro del cinturón se incluyen:

* Colocar la banda superior sobre el hombro y el pecho, nunca bajo el brazo o detrás de la espalda.
* Ajustar la banda inferior baja y ceñida sobre las caderas, no sobre el abdomen.
* Evitar giros o torsiones en la cinta.
* Comprobar que el cinturón se recoge de forma automática y queda sin holgura excesiva.

En un viaje escolar, el conductor recuerda a los alumnos que deben mantener el cinturón abrochado durante todo el trayecto, ajustándolo correctamente para que sea efectivo en caso de frenada repentina.

1.8. Conocimiento de la información de los dispositivos de seguridad

Los dispositivos de seguridad de un autocar cuentan con información específica que el conductor debe conocer para utilizarlos correctamente y garantizar que cumplen su función. Esta información puede estar recogida en el manual del fabricante, en etiquetas colocadas en el propio dispositivo o en la señalización reglamentaria del vehículo.

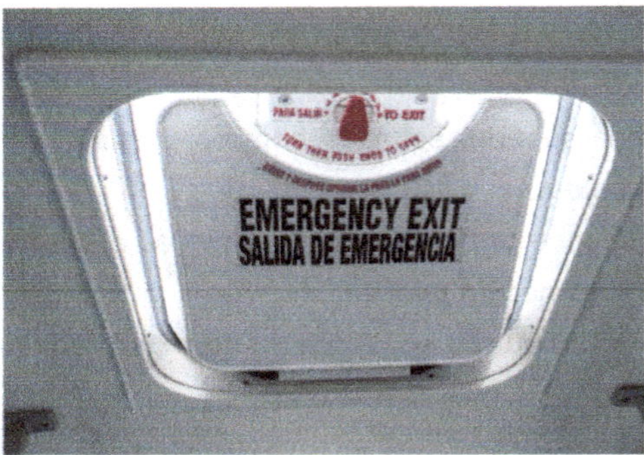

Fig. 7. El conocimiento adecuado de la información permite actuar con rapidez y eficacia en caso de emergencia, evitando errores que podrían poner en riesgo a los pasajeros

Además, contribuye a cumplir con la normativa vigente y facilita las labores de inspección por parte de las autoridades competentes.

En general, la información que se debe identificar y comprender incluye aspectos como:

- La ubicación exacta de cada dispositivo (extintores, martillos de emergencia, salidas de socorro, botiquín, cinturones).
- El uso correcto según las instrucciones del fabricante o las indicaciones gráficas colocadas junto al dispositivo.
- La fecha de caducidad o próxima revisión en elementos como extintores o botiquín.
- La simbología de seguridad, que suele estar representada por pictogramas universales fáciles de interpretar.
- Las condiciones de uso, por ejemplo, presión de carga en extintores o capacidad de los compartimentos de equipaje.

A modo de referencia, la información habitual que el conductor debe conocer y verificar es:

Dispositivo de seguridad	Información relevante que debe conocerse
Extintor	Ubicación, tipo de agente extintor, instrucciones de uso, fecha de caducidad y presión de carga.
Martillo rompecristales	Ubicación visible, forma de sujeción, punto exacto de impacto en la ventana.
Botiquín	Contenido actualizado, fecha de caducidad de productos, ubicación accesible.
Cinturones de seguridad	Tipo de cinturón (dos o tres puntos), método de ajuste, estado de los anclajes.
Salidas de emergencia	Tipo de apertura (manual o asistida), pictogramas indicativos, acceso libre de obstáculos.
Iluminación de emergencia	Ubicación de interruptores, autonomía de la batería, cobertura en el interior del vehículo.

Un ejemplo práctico se da cuando, durante un control en carretera, la autoridad solicita al conductor que muestre el funcionamiento de una salida de emergencia. Si el conductor conoce el mecanismo exacto y lo demuestra de forma rápida, no solo cumple con el requerimiento, sino que transmite seguridad y profesionalidad.

2. Aplicación de medidas en caso de accidente

La gestión de un accidente o de cualquier situación de emergencia en el transporte de viajeros exige una respuesta inmediata, coordinada y ajustada a protocolos de seguridad. La naturaleza de estos incidentes puede variar desde una simple avería mecánica hasta colisiones, vuelcos o situaciones más complejas como incendios o caídas al agua. En todos los casos, la actuación del conductor y, en su caso, del personal auxiliar, es determinante para minimizar las consecuencias y proteger la integridad física de los pasajeros.

En este contexto, la rapidez de reacción debe ir acompañada de serenidad y de un conocimiento preciso de los procedimientos establecidos. La improvisación, aunque en algunos casos sea inevitable, debe basarse en la formación previa y en la experiencia, garantizando que cada acción persiga tres objetivos esenciales:

- Evitar que el incidente inicial provoque daños mayores.
- Garantizar la seguridad y el bienestar de las personas implicadas.
- Facilitar la intervención de los servicios de emergencia.

2.1. Aplicación de instrucciones para el caso de producirse una anormalidad o un accidente en el transporte de viajeros

En el transporte de viajeros, cualquier situación anómala —desde una avería mecánica hasta un accidente grave— requiere una respuesta rápida, ordenada y conforme a protocolos establecidos.

Fig. 8. La prioridad siempre es preservar la seguridad de las personas, minimizando los riesgos derivados de la situación y asegurando que las acciones se realicen de manera coordinada

El conductor debe conocer y aplicar las instrucciones específicas definidas por la empresa o por la normativa vigente, así como mantener la calma y transmitirla a los pasajeros. Esto no solo mejora la eficacia de la actuación, sino que reduce el riesgo de pánico colectivo, que puede agravar las consecuencias del incidente.

Cuando se produce una anormalidad o accidente, las medidas a aplicar suelen seguir un orden lógico que permite actuar de forma segura:

- Detener el vehículo en un lugar seguro, fuera de la calzada si es posible, y accionar las luces de emergencia.
- Evaluar rápidamente la situación para identificar riesgos inmediatos como fuego, humo, combustible derramado o inestabilidad del vehículo.
- Proteger la zona del incidente mediante triángulos, luces de señalización o sistemas equivalentes, manteniendo siempre una distancia segura.
- Decidir si es necesaria la evacuación inmediata o si los pasajeros pueden permanecer temporalmente en el interior del vehículo hasta que la situación esté bajo control.
- Comunicar el incidente a los servicios de emergencia, aportando datos precisos sobre ubicación, número de pasajeros, estado de las personas y tipo de incidente.
- Prestar asistencia básica a las personas heridas siguiendo los conocimientos de primeros auxilios, evitando movimientos innecesarios que puedan agravar las lesiones.
- Cumplir en todo momento las instrucciones que indiquen las autoridades o los servicios de rescate una vez lleguen al lugar.

Ejemplo

Si durante un servicio interurbano el vehículo sufre una avería grave en la dirección y queda detenido en el arcén de una autopista, el conductor debe: activar las luces de emergencia, colocar la señalización a la distancia reglamentaria, mantener a los pasajeros dentro del autocar si no hay riesgo inmediato, contactar con la empresa y con el servicio de asistencia y, en caso de peligro inminente (como humo en el motor), proceder a la evacuación rápida hacia una zona segura.

De este modo, la aplicación de instrucciones claras y predefinidas no solo protege la integridad de las personas, sino que también permite reducir el tiempo de respuesta y facilitar la intervención de los equipos externos de emergencia.

2.2. Actuación ante una avería mecánica, pinchazo, reventón o de otro tipo similar

Las averías mecánicas y los problemas con los neumáticos son incidentes relativamente frecuentes en el transporte por carretera. Aunque no siempre implican un riesgo grave, pueden convertirse en una situación peligrosa si ocurren en zonas de tráfico intenso o con condiciones adversas.

Fig. 9. La respuesta del conductor debe ser inmediata y orientada a garantizar la seguridad de todos los ocupantes

Cuando se produce una avería mecánica, un pinchazo o un reventón, es fundamental seguir una secuencia de actuación que minimice los riesgos:

- Reducir la velocidad de forma progresiva y evitar maniobras bruscas.
- Encender las luces de emergencia para advertir a otros conductores.
- Buscar un lugar seguro para detener el vehículo, preferiblemente fuera de la calzada y con buena visibilidad.
- Activar el freno de estacionamiento y apagar el motor.
- Colocar la señalización de emergencia a la distancia reglamentaria según el tipo de vía.
- Evaluar si la reparación puede realizarse de forma segura o si es necesario solicitar asistencia técnica.
- Mantener a los pasajeros dentro del vehículo si no existe riesgo inmediato; en caso contrario, evacuar hacia un lugar seguro lejos de la vía.

Fig. 10. En un caso de reventón, el control del vehículo depende en gran medida de mantener el volante firme, no frenar bruscamente y dejar que la reducción de velocidad se produzca de forma progresiva antes de detenerse

Por ejemplo, si un autocar sufre un pinchazo en el neumático delantero derecho en una autovía, el conductor debe sujetar firmemente el volante, reducir la velocidad suavemente, detenerse en el arcén derecho, señalizar la avería y mantener a los pasajeros dentro hasta que llegue el servicio de asistencia, siempre que no haya riesgo adicional.

2.3. Actuación ante el bloqueo de puertas y evacuación por ventanas de socorro

El bloqueo de las puertas principales en un autocar puede deberse a fallos mecánicos, eléctricos o a deformaciones estructurales provocadas por un accidente. Ante esta situación, la evacuación debe realizarse utilizando las salidas de emergencia alternativas, como ventanas de socorro o trampillas en el techo.

El conductor debe estar familiarizado con el mecanismo de apertura de estas salidas, así como con la ubicación y uso de los martillos rompecristales. En caso de bloqueo de puertas, la secuencia de actuación incluye:

- Evaluar rápidamente la situación para determinar la salida más segura.
- Mantener la calma y dar instrucciones claras y firmes a los pasajeros.
- Dirigir a los ocupantes hacia las ventanas de socorro más accesibles.
- Utilizar el martillo de emergencia golpeando en las esquinas marcadas del cristal, donde la resistencia es menor.

- Ayudar a los pasajeros a descender del vehículo de forma segura, prestando especial atención a niños, personas mayores o con movilidad reducida.
- Una vez fuera, agrupar a los pasajeros en un lugar seguro, lejos del tráfico o de otros riesgos derivados del accidente.

Si un autocar queda bloqueado lateralmente tras un impacto y las puertas no se abren, el conductor puede ordenar la evacuación por las ventanas de socorro del lado contrario al impacto. Utilizando los martillos, rompe los cristales siguiendo el punto marcado, retira los fragmentos peligrosos y ayuda a los pasajeros a salir, asegurándose de que todos se concentran en una zona alejada del peligro.

2.4. Actuación en caso de incendio del motor o de otras partes del vehículo y evacuación

Un incendio en un autocar puede iniciarse en el motor, en el sistema eléctrico, en los frenos o en otros elementos del vehículo. La rapidez en la detección y respuesta es crucial para evitar la propagación del fuego y minimizar el riesgo para los pasajeros.

Ante la presencia de humo o llamas, el conductor debe actuar con decisión siguiendo un procedimiento ordenado:

- Detener el vehículo en un lugar seguro, preferiblemente alejado de edificaciones, tráfico intenso o vegetación.
- Apagar el motor y desconectar el sistema eléctrico para reducir el riesgo de propagación.
- Evaluar la magnitud del fuego: si es pequeño y está localizado, intentar sofocarlo con un extintor, siempre que no ponga en riesgo la integridad física.
- Activar la señalización de emergencia y avisar inmediatamente a los servicios de emergencias indicando ubicación y situación.
- Si el fuego amenaza la seguridad de los pasajeros, iniciar una evacuación inmediata por la puerta más alejada del foco.

- Si las puertas están bloqueadas, utilizar las salidas de emergencia o ventanas de socorro.
- Mantener a los pasajeros reunidos a una distancia segura, evitando que se acerquen al vehículo.

Como ejemplo, si durante un trayecto interurbano el conductor observa humo saliendo del compartimento trasero, debe detener el vehículo, accionar las luces de emergencia, evacuar a los pasajeros por la parte delantera, intentar sofocar el fuego si es seguro hacerlo y esperar la llegada de los bomberos.

2.5. Actuación en caso de choque frontal, lateral o alcance y evacuación

En un accidente por colisión, las prioridades son atender a los heridos, evitar riesgos adicionales y evacuar el vehículo si es necesario. La naturaleza del impacto condicionará las salidas disponibles y el procedimiento de evacuación.

En caso de choque frontal:

- Verificar si las puertas delanteras funcionan; si están bloqueadas, evacuar por las traseras o por las ventanas de socorro.
- Comprobar el estado de los pasajeros, prestando asistencia a los heridos sin moverlos salvo riesgo inminente.
- Alejar a los pasajeros del vehículo si existe riesgo de incendio o explosión.

En caso de choque lateral:

- Evacuar por el lado contrario al impacto para evitar exposición a tráfico o elementos peligrosos.
- Usar martillos de emergencia para habilitar salidas si las puertas están dañadas.

En caso de alcance:

- Evaluar daños en la parte trasera y decidir si la evacuación debe hacerse por la parte frontal o lateral.
- Comprobar la estabilidad del vehículo antes de iniciar la evacuación.

En cualquiera de estos supuestos, la secuencia habitual incluye:

- Activar las luces de emergencia.
- Llamar a los servicios de emergencia proporcionando información clara.
- Mantener la calma y dar instrucciones precisas a los pasajeros.
- Priorizar la evacuación de personas con mayor vulnerabilidad (niños, mayores, personas con movilidad reducida).

Un ejemplo práctico sería el de un autocar que sufre un impacto lateral en una carretera secundaria: el conductor evalúa que la puerta del lado afectado está bloqueada, ordena la evacuación por el lado opuesto y, con ayuda de los pasajeros que se encuentran en mejor estado, facilita la salida de personas con dificultades de movilidad hacia un área segura fuera de la calzada.

2.6. Actuación en caso de vuelco del vehículo total o parcial y evacuación

El vuelco de un autocar es uno de los accidentes más graves en el transporte de viajeros, ya que puede provocar lesiones importantes y dificultar las maniobras de evacuación.

Fig. 11. El interior del vehículo puede quedar desordenado, con objetos sueltos y estructuras deformadas que bloqueen salidas

Ante un vuelco parcial o total, el conductor debe priorizar la protección de las personas y buscar la salida más segura posible:

- Mantener la calma y transmitir instrucciones claras a los pasajeros.
- Evaluar si el vehículo presenta riesgo de incendio, fuga de combustible o inestabilidad.
- Identificar salidas operativas: si las puertas están bloqueadas, recurrir a ventanas de socorro o trampillas de techo.
- Utilizar martillos de emergencia para romper cristales por las zonas indicadas.
- Ayudar a los pasajeros a orientarse, ya que tras un vuelco la referencia de "arriba" y "abajo" puede no ser evidente.
- Organizar la evacuación priorizando a los heridos que puedan ser trasladados sin riesgo y a las personas más vulnerables.
- Una vez fuera, alejarse a una distancia prudente del vehículo.

Si un autocar vuelca lateralmente en una curva y queda apoyado sobre la puerta principal, el conductor debe orientar a los pasajeros hacia las ventanas de socorro del lado opuesto, romper los cristales con los martillos, retirar fragmentos peligrosos y facilitar la salida uno a uno, ayudando a descender a quienes lo necesiten.

2.7. Actuación en caso de caída al agua y evacuación

La caída de un autocar al agua es una situación extrema que requiere una actuación inmediata para evitar que el vehículo se hunda con los pasajeros en su interior. La rapidez y el conocimiento del procedimiento marcan la diferencia en este tipo de emergencias.

Cuando ocurre una caída al agua, el conductor debe:

- Mantener la calma y dar órdenes firmes y directas a los pasajeros.
- Indicar que no intenten abrir las puertas hasta que el vehículo esté estabilizado o el nivel del agua permita una apertura segura (la presión exterior puede impedirlo).
- Si el agua comienza a entrar, utilizar salidas superiores como trampillas de techo o ventanas de socorro situadas por encima del nivel del agua.
- En caso de no poder usar salidas superiores, esperar a que la presión se iguale para abrir una puerta o ventana sumergida, siempre evitando pánico.
- Priorizar la evacuación de personas que no sepan nadar o tengan movilidad reducida, asegurándoles flotación mediante chalecos salvavidas o cualquier objeto que pueda servir como ayuda.
- Agrupar a los pasajeros fuera del vehículo y mantenerlos juntos para facilitar el rescate.

Un autocar, debido a una pérdida de control, cae a un río poco profundo: el conductor detecta que las puertas laterales están bloqueadas por la presión del agua, ordena la evacuación por la trampilla del techo, ayuda a los pasajeros a salir y los reúne en la orilla, evitando que se dispersen o vuelvan hacia el vehículo.

Resumen

La seguridad en el transporte de viajeros se fundamenta en la correcta prevención de riesgos, el conocimiento de los equipos instalados en el vehículo y la capacidad de reacción ante situaciones de emergencia. Un autocar bien mantenido y gestionado reduce de forma significativa la probabilidad de accidentes y facilita la evacuación en caso de que estos se produzcan. El conductor, como responsable del servicio, debe ser capaz de identificar y manejar todos los dispositivos de seguridad, así como aplicar protocolos claros y ordenados en cualquier incidencia.

Entre los elementos esenciales de seguridad se encuentran los extintores, el botiquín de primeros auxilios, los martillos rompecristales, los cinturones de seguridad, el sistema antibloqueo de frenos (ABS), el limitador de velocidad, la señalización de emergencia y las salidas de socorro. Cada uno de ellos requiere un conocimiento preciso de su ubicación, uso y mantenimiento, de forma que su operatividad esté garantizada en todo momento. Las inspecciones previas al inicio de cada servicio permiten detectar posibles fallos y asegurar que todo el equipamiento cumple con las exigencias normativas.

La gestión del acceso y evacuación implica mantener las puertas y pasillos libres de obstáculos, supervisar el embarque y desembarque, y conocer el funcionamiento de todas las salidas de emergencia. En caso de bloqueo de puertas, se deben emplear ventanas de socorro o trampillas, utilizando los martillos de emergencia en los puntos indicados para romper los cristales. Asimismo, el acondicionamiento interior debe garantizar tanto el confort como la seguridad, evitando objetos sueltos, ajustando correctamente la climatización e iluminación, y asegurando el buen estado de asientos y anclajes.

El conductor debe comprender la función y configuración de dispositivos como el **ABS** y el limitador de velocidad, así como promover el uso correcto del cinturón de seguridad por parte de todos los ocupantes. Estos elementos forman parte de la seguridad activa y pasiva del vehículo, contribuyendo a prevenir accidentes o a reducir sus consecuencias.

En caso de accidente o anomalía, las actuaciones deben seguir un orden lógico: detener el vehículo en un lugar seguro, señalizar la incidencia, evaluar la situación, decidir si es necesaria la evacuación, avisar a los servicios de emergencia y prestar asistencia básica a los pasajeros. Los protocolos varían según el tipo de incidente: averías mecánicas, pinchazos o reventones; bloqueo de puertas; incendios; colisiones frontales, laterales o por alcance; vuelcos totales o parciales; y caídas al agua. Cada uno requiere medidas específicas, pero en todos los casos se debe mantener la calma, dar instrucciones claras y priorizar la seguridad de las personas más vulnerables.

En definitiva, la seguridad en el transporte de viajeros combina medidas preventivas y reactivas. La formación del conductor, su capacidad para manejar los dispositivos de seguridad y su habilidad para gestionar emergencias son factores decisivos para proteger la vida de los pasajeros y minimizar los daños en cualquier incidente.

Glosario

ABS (Sistema Antibloqueo de Frenos)

Sistema de seguridad activa que evita el bloqueo de las ruedas durante una frenada brusca, permitiendo mantener el control de la dirección y reduciendo el riesgo de derrape.

Acondicionamiento interior

Conjunto de elementos y ajustes del interior del vehículo que garantizan la seguridad y el confort de los pasajeros, incluyendo asientos, iluminación, climatización y disposición de equipajes.

Alcance

Tipo de colisión en la que un vehículo impacta por detrás a otro. En transporte de viajeros, puede afectar a la zona trasera del autocar y condicionar las salidas disponibles.

Avería mecánica

Fallo en el funcionamiento de los sistemas del vehículo (motor, transmisión, frenos, dirección, etc.) que impide su uso normal y seguro.

Bloqueo de puertas

Situación en la que las puertas del vehículo no pueden abrirse por fallos mecánicos, eléctricos o daños estructurales, lo que obliga a emplear salidas alternativas.

Botiquín de primeros auxilios

Contenedor que incluye material sanitario básico para atender lesiones leves y prestar asistencia inicial hasta la llegada de profesionales sanitarios.

Caída al agua

Accidente en el que el vehículo se precipita a un cauce, lago o mar, requiriendo evacuación rápida y segura para evitar el hundimiento.

Cinturón de seguridad

Sistema de retención pasivo que sujeta al ocupante y reduce el riesgo de lesiones graves en caso de impacto o frenada brusca.

Evacuación

Proceso ordenado de desalojo del vehículo en caso de emergencia, utilizando las salidas disponibles más seguras y adecuadas a la situación.

Extintor

Dispositivo portátil que contiene un agente extintor diseñado para sofocar incendios incipientes en el vehículo.

Limitador de velocidad

Dispositivo que impide que el vehículo supere una velocidad máxima determinada, cumpliendo con las regulaciones de transporte y mejorando la seguridad vial.

Luces de emergencia

Señal luminosa intermitente utilizada para advertir a otros conductores de una situación de peligro o avería.

Martillo rompecristales

Herramienta de seguridad instalada en el interior del vehículo para romper las ventanas de socorro y permitir la evacuación en caso de emergencia.

Pinchazo

Pérdida de aire en un neumático, generalmente causada por un objeto punzante, que provoca una disminución de la presión y puede afectar a la conducción.

Reventón

Rotura repentina de un neumático debido a exceso de presión, desgaste o impacto, que puede generar una pérdida brusca de control del vehículo.

Salidas de socorro

Puntos específicos del vehículo, como puertas adicionales, ventanas o trampillas, diseñados para permitir la evacuación rápida en situaciones de emergencia.

Señalización de emergencia

Conjunto de dispositivos y elementos (triángulos, luces, reflectantes) utilizados para advertir a otros usuarios de la vía de la presencia de un vehículo inmovilizado o en situación de peligro.

Vuelco

Accidente en el que el vehículo pierde la verticalidad y queda apoyado total o parcialmente sobre un lateral o el techo, dificultando la evacuación.

Ejercicios de autoevaluación

1. ¿Cuál es la principal función del sistema antibloqueo de frenos (ABS) en un autocar?

   a. Reducir el consumo de combustible.

   b. Evitar el desgaste de las pastillas de freno.

   c. Aumentar la potencia del motor.

   d. Evitar que las ruedas se bloqueen durante una frenada brusca.

2. ¿Qué elemento se utiliza para romper el cristal de una ventana de socorro en caso de emergencia?

   a. Martillo de emergencia.

   b. Extintor.

   c. Llave inglesa.

   d. Barra metálica.

3. ¿Dónde se debe colocar la banda inferior del cinturón de seguridad para una sujeción correcta?

   a. Sobre el estómago.

   b. Sobre el pecho.

   c. Ceñida a las caderas.

   d. Sobre el cuello.

4. ¿Qué debe hacer el conductor si el testigo del ABS permanece encendido después de arrancar?

   a. Ignorarlo si el vehículo frena bien.

   b. Desconectar la batería.

   c. Revisar el sistema antes de circular.

   d. Frenar repetidamente para reiniciarlo.

5. ¿Qué es lo primero que debe hacer el conductor al detectar humo en el compartimento del motor?

    a. Abrir el capó inmediatamente.

    b. Detener el vehículo en un lugar seguro y apagar el motor.

    c. Continuar hasta el taller más cercano.

    d. Encender la climatización para extraer el humo.

6. ¿Cuál es la velocidad máxima habitual permitida por el limitador en autocares de servicio interurbano en España?

    a. 80 km/h.

    b. 90 km/h.

    c. 120 km/h.

    d. 100 km/h.

7. ¿Cuál es la prioridad absoluta en cualquier accidente de transporte de viajeros?

    a. Proteger la carga del vehículo.

    b. Proteger la seguridad de las personas.

    c. Minimizar daños materiales.

    d. Reanudar el viaje lo antes posible.

8. ¿Qué elemento NO forma parte de los equipos de seguridad de un autocar?

    a. Botiquín.

    b. Cadenas de nieve.

    c. Extintores.

    d. Cinturones de seguridad.

9. ¿Qué debe comprobarse siempre en un extintor antes de iniciar un servicio?

    a. Color y marca.

    b. Fecha de caducidad y presión.

    c. Longitud de la manguera.

    d. Número de serie.

10.En caso de vuelco, ¿qué salida suele ser más segura para evacuar?

    a. Ventanas de socorro o trampillas de techo.

    b. La puerta lateral apoyada contra el suelo.

    c. La puerta delantera.

    d. La puerta trasera.

Aplicaciones prácticas

Aplicación práctica 1. Documentación obligatoria

Módulo 1. Documentación en el transporte de viajeros

Una empresa de transporte va a realizar tres tipos de servicios diferentes en la misma semana:

- Ruta escolar regular de uso especial.
- Excursión discrecional internacional para un grupo de turistas.
- Transporte privado complementario para el traslado de empleados de una fábrica.

Completa la siguiente tabla con los documentos que son obligatorios según la normativa para cada servicio.

Tipo de servicio	Documentos obligatorios principales
Ruta escolar regular de uso especial	
Excursión discrecional internacional	
Transporte privado complementario	

Aplicación práctica 2. Documentación incorrecta

Módulo 1. Documentación en el transporte de viajeros

Durante una inspección en carretera, unos agentes revisan un autocar que realiza transporte discrecional nacional y detectan lo siguiente:

- El conductor lleva su permiso de conducción D, pero el CAP está caducado.
- El libro de ruta está cumplimentado, pero con tachaduras y sin fecha de inicio.
- El vehículo tiene la ITV en vigor, pero el seguro obligatorio ha caducado hace dos semanas.
- No se porta el contrato de transporte.

Identifica los errores cometidos y explica por qué suponen un incumplimiento de la normativa.

Aplicación práctica 3. Protocolos de seguridad en ruta

Módulo 2. Seguridad en el transporte de viajeros

Imagina que eres conductor de un autocar de línea interurbana. Durante una semana de trabajo, se presentan distintas incidencias en el servicio. Lee cada situación y selecciona la actuación más adecuada.

- Día 1: Durante un trayecto por autopista, un neumático trasero sufre un reventón.

  a) Frenar bruscamente para detenerse lo antes posible.

  b) Sujetar el volante firmemente, reducir velocidad de forma progresiva y detenerse en un lugar seguro.

  c) Continuar hasta la siguiente área de servicio.

- Día 2: Al arrancar el vehículo, el testigo del ABS permanece encendido.

  a) Circular con precaución y revisar más tarde.

  b) Ignorar la luz si el freno parece funcionar.

  c) Revisar el sistema antes de iniciar la marcha.

- Día 3: En medio del trayecto, observas humo saliendo del motor.

  a) Detener el vehículo, apagar el motor y evacuar por la zona más alejada del foco.

  b) Abrir el capó inmediatamente para ventilar.

  c) Continuar hasta encontrar un taller.

- Día 4: Tras un choque lateral, la puerta más cercana a los pasajeros no se abre.

  a) Evacuar por el lado opuesto al impacto utilizando salidas de emergencia.

  b) Esperar sin actuar hasta que llegue la asistencia.

  c) Intentar forzar la puerta dañada.

Aplicación práctica 4. Procedimiento de evacuación

Módulo 2. Seguridad en el transporte de viajeros

Estás conduciendo un autocar escolar con 35 niños y 3 adultos acompañantes. En el kilómetro 42 de una carretera secundaria, un vehículo invade tu carril provocando un choque frontal que bloquea la puerta principal. No hay humo ni fuego, pero la parte frontal del autocar está deformada y hay algunos pasajeros nerviosos.

¿Cuál sería el procedimiento más seguro para evacuar el vehículo?

Ejercicio de evaluación final

1. ¿Qué documento es obligatorio en un transporte discrecional e internacional?

    a. Libro de ruta.

    b. Billete individual.

    c. Licencia de taxi.

    d. Distintivo V-10.

2. El tacógrafo sirve principalmente para:

    a. Medir la velocidad máxima alcanzada por el vehículo.

    b. Controlar la carga transportada.

    c. Registrar tiempos de conducción, pausas y descansos.

    d. Calcular la autonomía de combustible.

3. La señal V-10 identifica:

    a. Vehículo de transporte internacional.

    b. Vehículo adaptado para PMR.

    c. Vehículo de servicio privado complementario.

    d. Vehículo dedicado al transporte escolar.

4. ¿Qué organismo controla los transportes urbanos?

    a. Ministerio de Transportes.

    b. Comunidades Autónomas.

    c. Ayuntamientos.

    d. Guardia Civil.

5. Una obligación de la empresa transportista frente a la inspección es:

a. Facilitar el libro de reclamaciones a otros transportistas.

b. Trasladar a los inspectores al destino del viaje.

c. Mostrar toda la documentación exigida en vigor.

d. Entregar una copia de la autorización a los pasajeros.

6. Los pasajeros, durante una inspección, deben:

a. Entregar su documentación personal.

b. Presentar su billete o título de transporte.

c. Pagar nuevamente el viaje.

d. Firmar el acta de inspección.

7. Una infracción leve sería:

a. Circular sin seguro obligatorio.

b. Manipular el tacógrafo.

c. No llevar a bordo un documento obligatorio, aunque esté en vigor.

d. Prestar servicio sin autorización.

8. Una infracción grave sería:

a. Reincidir en infracciones graves.

b. Utilizar documentos falsificados.

c. Circular con un vehículo sin autorización de transporte.

d. Incumplir el itinerario y tarifas de un transporte regular afectando a los usuarios.

9. Una infracción muy grave sería:

a. Llegar tarde a una parada autorizada.

b. Manipular el tacógrafo para alterar registros.

c. No mostrar el libro de ruta.

d. No facilitar el libro de reclamaciones.

10. La responsabilidad de las infracciones relacionadas con la conducción recae principalmente en:

a. El cliente.

b. El conductor.

c. La Administración.

d. El fabricante del vehículo.

11. El régimen sancionador puede incluir:

a. Multas, inmovilización, suspensión o retirada de autorizaciones.

b. Exclusivamente multas.

c. Solo retirada de licencias.

d. Prisión preventiva.

12. El procedimiento sancionador se inicia:

a. Solo a petición de la empresa transportista.

b. De oficio o como resultado de una inspección o denuncia.

c. Después de la resolución.

d. Una vez se ha pagado la multa.

13.El contrato de transporte debe incluir:

    a. Fotografía del conductor.

    b. Solo la matrícula del vehículo.

    c. Información meteorológica.

    d. Datos de empresa, servicio, precio y condiciones.

14.El libro de reclamaciones debe:

    a. Estar disponible a bordo o accesible para el pasajero durante el servicio.

    b. Estar guardado en la oficina central únicamente.

    c. Entregarse solo si el inspector lo solicita.

    d. Usarse únicamente en transporte internacional.

15.El libro de ruta debe cumplimentarse:

    a. Al finalizar el servicio.

    b. Solo en caso de inspección.

    c. Antes de iniciar el servicio, de forma legible y sin tachaduras.

    d. Cada vez que cambie el conductor durante el trayecto.

16.Si un autocar sufre un reventón de neumático, ¿qué debe evitar el conductor?

    a. Sujetar el volante firmemente.

    b. Frenar bruscamente.

    c. Reducir la velocidad suavemente.

    d. Encender las luces de emergencia.

17.¿Qué distancia mínima se recomienda mantener entre los pasajeros y un vehículo incendiado?

a. 2 metros.

b. Más de 15 metros.

c. 5 metros.

d. 10 metros.

18.¿Qué dispositivo impide que el vehículo supere una velocidad máxima determinada?

a. Tacógrafo.

b. Control de crucero.

c. Limitador de velocidad.

d. Sistema de climatización.

19.¿Qué debe hacer el conductor antes de usar un extintor en un incendio?

a. Encender las luces de emergencia.

b. Llamar a la policía.

c. Evaluar si es seguro acercarse al fuego.

d. Abrir todas las puertas.

20.¿Qué acción es incorrecta al ajustar un cinturón de seguridad?

a. Pasar la banda superior sobre el hombro y el pecho.

b. Mantener la banda inferior ceñida a las caderas.

c. Mantener la cinta sin giros.

d. Colocar la banda superior bajo el brazo.

21. En caso de caída al agua, ¿cuándo se debe abrir una puerta sumergida?

   a. Inmediatamente al entrar en el agua.

   b. Cuando la mitad del vehículo esté sumergida.

   c. Cuando los pasajeros estén listos para nadar.

   d. Cuando la presión interior y exterior se igualen.

22. ¿Qué documento informa al conductor sobre la ubicación y uso de los dispositivos de seguridad?

   a. Libro de ruta.

   b. Certificado de aptitud profesional.

   c. Manual del fabricante.

   d. Licencia comunitaria.

23. ¿Qué elemento debe estar siempre libre de obstáculos para una evacuación eficaz?

   a. Asientos reclinables.

   b. Compartimentos superiores.

   c. Pasillos y salidas de emergencia.

   d. Paneles decorativos.

24. ¿Qué debe hacer el conductor al detenerse por una avería en carretera?

   a. Colocar la señalización reglamentaria.

   b. Llamar directamente a la grúa.

   c. Apagar las luces interiores.

   d. Apagar la climatización.

25.¿Qué tipo de pictogramas suelen acompañar a los dispositivos de seguridad?

a. Señales publicitarias.

b. Iconos decorativos.

c. Símbolos universales de emergencia.

d. Etiquetas adhesivas comerciales.

26.En caso de incendio en la parte trasera del autocar, ¿por dónde debe evacuar preferentemente?

a. Por cualquier puerta.

b. Por la puerta más alejada del foco.

c. Por las ventanas traseras.

d. Por el techo.

27.¿Qué se debe hacer primero ante un choque lateral con daños en una puerta?

a. Abrir la puerta dañada.

b. Esperar a la asistencia.

c. Romper cualquier cristal.

d. Evacuar por el lado opuesto al impacto.

28.¿Cuál es la función principal del ABS en superficies deslizantes?

a. Aumentar la potencia de frenado.

b. Permitir derrapes controlados.

c. Mantener la dirección y control del vehículo.

d. Reducir el consumo de combustible.

29. ¿Qué debe hacer el conductor si las puertas principales están bloqueadas tras un accidente?

a. Esperar a que llegue ayuda.

b. Forzar las puertas desde el interior.

c. Utilizar salidas de emergencia o ventanas de socorro.

d. Romper el parabrisas.

30. ¿Qué acción contribuye a prevenir incendios en el motor?

a. Apagar el motor cada 20 minutos.

b. Mantener el motor encendido para ventilar.

c. Revisar los neumáticos semanalmente.

d. Mantener limpio el compartimento del motor y libre de grasa.

Solucionario

Módulo 1. Documentación en el transporte de viajeros

1. b

2. c

3. c

4. b

5. a

6. c

7. a

8. c

9. d

10. c

Módulo 2. Seguridad en el transporte de viajeros

1. d

2. a

3. c

4. c

5. b

6. b

7. b

8. b

9. b

10. a

Bibliografía

Webgrafía

Certificado de conductor con nacionalidad extracomunitaria

https://canalempresa.gencat.cat/es/integraciodepartamentaltramit/tramit/PerTemes/Certificat-de-conductor-amb-nacionalitat-extracomunitaria

¿Cuál es el protocolo de evacuación en caso de accidente?

https://stgbus.es/protocolo-evacuacion-caso-accidente/

Documentos de control para transporte de viajeros

https://www.tadig.es/blog/documentos-de-control-para-transporte-de-viajeros/

En autobús

https://www.dgt.es/muevete-con-seguridad/viaja-seguro/en-autobus/

Infracciones en el transporte de viajeros

https://sarreplec.caib.es/pluginfile.php/20907/mod_resource/content/0/GATL07/GATL07_Web_2016/112_infracciones_en_el_transporte_de_viajeros.html

Los autobuses y la seguridad del pasajero: Medidas y precauciones

https://www.autocareseurostarbus.com/los-autobuses-y-la-seguridad-del-pasajero-medidas-y-precauciones/

Medidas de emergencia en autobús

https://www.yolcar.es/sabias-que/medidas-emergencia-autobus/

Multas y sanciones: transporte por carretera

https://tugesto.com/blog/sanciones-sector-transporte

Principales sistemas de seguridad en autobuses

https://www.yolcar.es/sabias-que/sistemas-seguridad-autobuses/

¿Qué documentación necesito para hacer transporte por carretera en el ámbito nacional?
https://tacografointeligente.com/blog-tacografo/gestion-de-flotas-pymes-trasporte/documentacion-necesito-para-hacer-transporte-por-carretera-en-el-ambito-nacional/

¿Sabes actuar en caso de emergencia en un autobús?
https://www.yolcar.es/sabias-que/actuar-emergencia-autobus/

Seguridad y normas de comportamiento - Instrucciones en caso de accidente o anormalidad
https://mediambient.gva.es/es/web/transportes/escolar-trans/comportamtrans/instrucciones-en-caso-de-accidente-o-anormalidad

Transporte de viajeros
https://www.transportes.gob.es/transporte-terrestre/preguntas-frecuentes-faq/transporte-de-viajeros